Q 왜 공부력을 키워야 할까요?

쓰기력

정확한 의사소통의 기본기이며 논리의 바탕

연필을 잡고 종이에 쓰는 것을 괴로워한다!
맞춤법을 몰라 정확한 쓰기를 못한다!
말은 잘하지만 조리 있게 쓰는 것이 어렵다!
그래서 글쓰기의 기본 규칙을 정확히 알고
써야 공부 능력이 향상됩니다.

어휘력

교과 내용 이해와 독해력의 기본 바탕

어휘를 몰라서 수학 문제를 못 푼다!
어휘를 몰라서 사회, 과학 내용 이해가 안 된다!
어휘를 몰라서 수업 내용을 따라가기 어렵다!
그래서 교과 내용 이해의 기본 바탕을
다지기 위해 어휘 학습을 해야 합니다.

독해력

모든 교과 실력 향상의 기본 바탕

글을 읽었지만 무슨 내용인지 모른다!
글을 읽고 이해하는 데 시간이 오래 걸린다!
읽어서 이해하는 공부 방식을 거부하려고 한다!
그래서 통합적 사고력의 바탕인 독해 공부로
교과 실력 향상의 기본기를 닦아야 합니다.

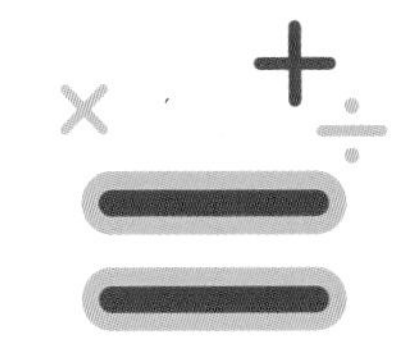

계산력

초등 수학의 핵심이자 기본 바탕

계산 과정의 실수가 잦다!
계산을 하긴 하는데 시간이 오래 걸린다!
계산은 하는데 계산 개념을 정확히 모른다!
그래서 계산 개념을 익히고 속도와 정확성을
높이기 위한 훈련을 통해 계산력을 키워야 합니다.

완자

공부력

초등 국어

독해 4B

초등 국어 독해
3A, 3B, 4A, 4B 글감 구성

국어 교과 글감

3학년 수준		
말하기	3B	01 상대방을 배려하는 말하기
	3B	08 초등학생의 휴대 전화 사용은 바람직한가
문학	3A	10 가난한 양반 형제 이야기
	3A	20 설문대 할망 이야기
쓰기	3A	04 서연이에게 보내는 편지
	3B	20 융건릉을 다녀와서
읽기	3A	01 우리가 꿈꾸는 놀이터 만들기
	3A	06 이제부터 집중할 거야
	3A	15 수화로 숫자 표현하기
	3A	17 위대한 과학자, 마리 퀴리
	3B	04 사려 깊은 노랑 물고기
	3B	13 스티븐 호킹 박사 이야기
	3B	16 웃음의 다양한 의미

4학년 수준		
문법	4A	10 세종 대왕을 만나다
	4B	13 우리말, 어떻게 쓰고 있을까?
문학	4A	05 만덕 할망 이야기
	4A	15 영웅일까, 도둑일까?
	4B	05 정홍순 딸의 혼례 이야기
읽기	4A	20 조선을 사랑한 서양인, 어니스트 베델
	4B	03 이런 명언 들어 봤니?
	4B	10 바보 의사 장기려

사회 교과 글감

3학년 수준		
사회·문화	3A	08 키우지 않는 용기
	3A	09 세계의 아침 식사
	3A	19 세시 풍속이 궁금해
	3B	14 아플 때 먹는 세계의 음식
생활	3A	02 자전거, 알아야 안전해요
	3A	07 도서관에 가자
역사	3B	05 천 살이 넘은 축구
	3B	12 조선 시대의 통신 수단
	3B	17 부채 이야기
	3B	19 조선은 모자의 왕국
지리	3A	03 하늘에서 본 우리 동네
	3A	11 서울은 왜 서울일까
	3B	03 작지만 큰 나라
	3B	10 계절마다 변해요

4학년 수준		
사회·문화	4A	01 어디서 왔을까?
	4A	04 당신의 공공 예절은?
	4A	09 세계 1등을 찾아라
	4A	12 색다른 면 요리
	4B	02 세계를 위해 일하는 NGO
	4B	08 나무의 꿈, 종이의 꿈
	4B	09 뱅글뱅글, 어떤 팽이를 돌려 볼까?
	4B	19 올림픽은 어디에서 열릴까?
	4B	20 좋은 숫자, 나쁜 숫자
경제	4A	02 백화점의 비밀
	4A	08 돈에는 누가?
생활	4B	01 즉석식, 어떻게 선택해야 할까?
역사	4B	06 고인돌을 아시나요?
	4B	14 창경궁과 만나다
지리	4A	06 에티오피아에서 온 편지
	4A	13 나스카 라인의 미스터리
	4B	15 대동여지도 속 우리나라

과목별 공부 영역을 반영한 글감을 통해
풍부한 배경지식과 독해 실력을 키워요!

과학 교과 글감

3학년 수준		
기술	3A	05 우연히 만들어진 안전유리
	3A	12 조선 시대의 냉장고
	3B	02 무엇을 보고 만들었나
물리	3B	06 어른은 못 듣는 소리
보건	3A	16 편두통의 원인과 예방법
생물	3B	09 너는 무슨 형이야?
	3B	11 개미와 꿀벌, 이렇게 산다
	3B	15 건강 지킴이, 세로토닌과 멜라토닌
지구과학	3A	14 금성, 어디까지 알고 있니
	3A	18 숨 쉴 수 있는 이유
	3B	18 바다 밖으로 나온 산

4학년 수준		
기술	4B	07 진짜? 가짜?
물리	4A	16 우리 생활 속에 숨어 있는 보색의 신비
	4B	04 빛의 마법
생물	4A	03 이런 식물도 있어
	4A	11 곤충도 먹을 수 있어
	4B	11 공룡을 만나요
	4B	12 공기의 몸속 여행
	4B	18 개미는 길을 어떻게 찾을까?
지구과학	4A	18 사람이 만든 비
	4B	16 다양한 대체 에너지
	4B	17 태양계로 떠나자
화학	4A	07 우리는 형제, 다이아몬드와 연필심
	4A	17 고무의 발견과 발전

수학 교과 글감

3학년 수준		
수	3A	13 분수와 소수, 무엇을 쓸까

4학년 수준		
수	4A	19 피보나치수열 이야기

예체능 교과 글감

3학년 수준		
미술	3B	07 도자기를 만드는 과정

4학년 수준		
미술	4A	14 선비들이 늘 곁에 둔 친구, 문방사우

특징과 활용법

하루 4쪽 공부하기

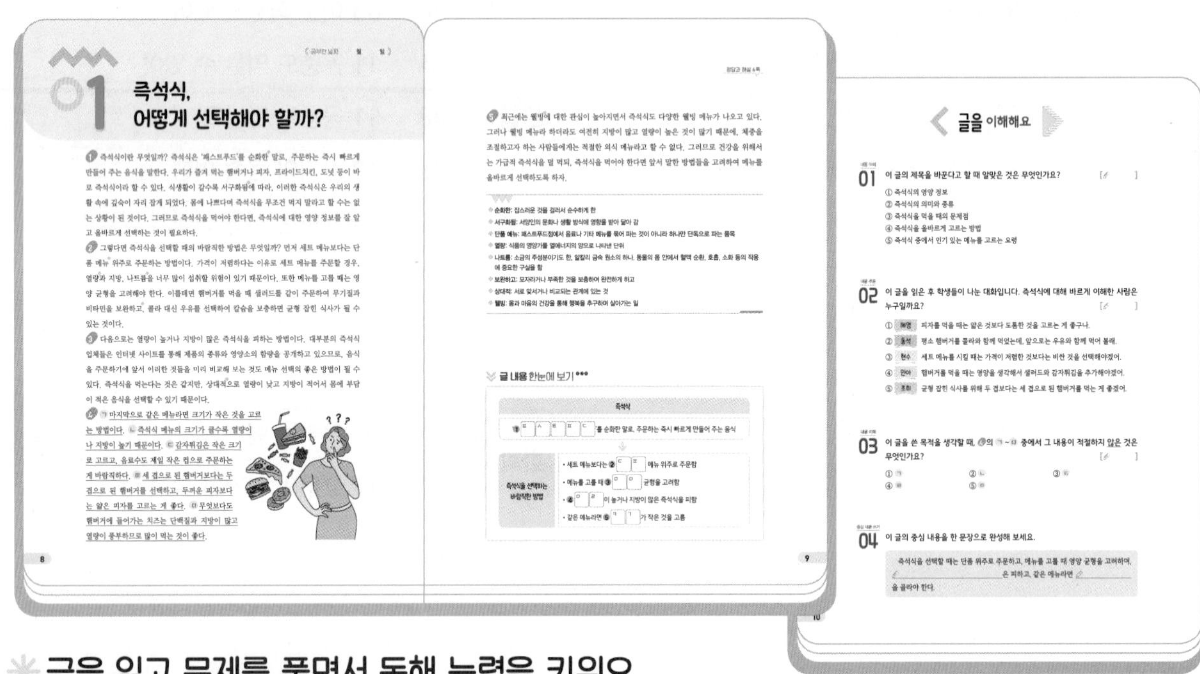

* 글을 읽고 문제를 풀면서 독해 능력을 키워요.
* [글 내용 한눈에 보기]를 통해 글의 구조를 파악하는 능력을 길러요.

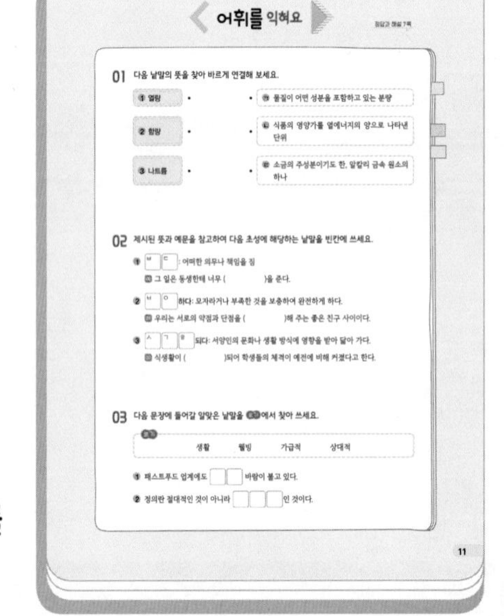

* 글에 나온 어휘를 다양한 문제를 통해 재미있게 익혀요.

✔ 책으로 하루 4쪽 공부하며, 초등 독해력을 키워요!

✔ 모바일앱으로 공부한 내용을 복습하고 몬스터를 잡아요!

공부한 내용 확인하기

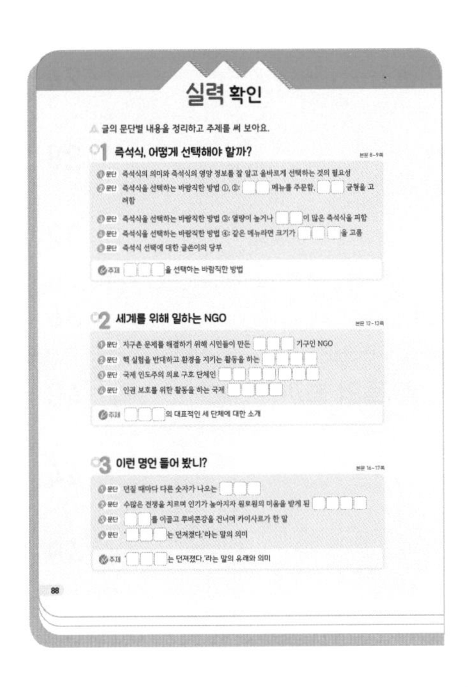

실력 확인

▲ 글의 문단별 내용을 정리하고 주제를 써 보아요.

1 즉석식, 어떻게 선택해야 할까? 본문 8-9쪽

- ① 문단 즉석식의 의미와 즉석식의 영양 정보를 잘 알고 올바르게 선택하는 것의 필요성
- ② 문단 즉석식을 선택하는 바람직한 방법 ①, ②: □□ 메뉴를 주문함, □□ 균형을 고려함
- ③ 문단 즉석식을 선택하는 바람직한 방법 ③: 열량이 높거나 □□이 많은 즉석식을 피함
- ④ 문단 즉석식을 선택하는 바람직한 방법 ④: 같은 메뉴라면 크기가 □□□을 고름
- ⑤ 문단 즉석식 선택에 대한 글쓴이의 당부
- 주제 □□□을 선택하는 바람직한 방법

2 세계를 위해 일하는 NGO 본문 12-13쪽

- ① 문단 지구촌 문제를 해결하기 위해 시민들이 만든 □□□ 기구인 NGO
- ② 문단 핵 실험을 반대하고 환경을 지키는 활동을 하는 □□□□
- ③ 문단 국제 인도주의 의료 구호 단체인 □□□□□□□
- ④ 문단 인권 보호를 위한 활동을 하는 국제 □□□□
- 주제 □□□의 대표적인 세 단체에 대한 소개

3 이런 명언 들어 봤니? 본문 16-17쪽

- ① 문단 던질 때마다 다른 숫자가 나오는 □□□
- ② 문단 수많은 전쟁을 치르며 인기가 높아지자 원로원의 미움을 받게 된 □□□□
- ③ 문단 □□를 이끌고 루비콘강을 건너며 카이사르가 한 말
- ④ 문단 '□□□는 던져졌다.'라는 말의 의미
- 주제 '□□□는 던져졌다.'라는 말의 유래와 의미

88

✳ 20일 동안 공부한 내용을 정리해 보며 자기의 실력을 확인해요.

모바일앱으로 복습하기

앱 다운받기

책 인증하기

✳ 그날 배운 내용을 바로바로,
또는 주말에 모아서 복습하고,
다이아몬드 획득까지!
공부가 저절로 즐거워져요!

차례

우리도 하루 4쪽 공부 습관!
스스로 공부하는 힘을
키워 볼까요?

큰 습관이
지금은 그 친구를 이끌고 있어요.
매일매일의 좋은 습관은 우리를 좋은
곳으로 이끌어 줄 거예요.

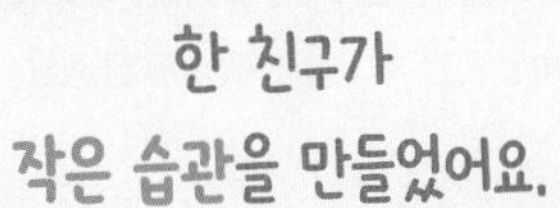

한 친구가
작은 습관을 만들었어요.

매일매일의 시간이 흘러
작은 습관은 큰 습관이 되었어요.

01 즉석식, 어떻게 선택해야 할까?

1 즉석식이란 무엇일까? 즉석식은 '패스트푸드'를 순화한 말로, 주문하는 즉시 빠르게 만들어 주는 음식을 말한다. 우리가 즐겨 먹는 햄버거나 피자, 프라이드치킨, 도넛 등이 바로 즉석식이라 할 수 있다. 식생활이 갈수록 서구화됨에 따라, 이러한 즉석식은 우리의 생활 속에 깊숙이 자리 잡게 되었다. 몸에 나쁘다며 즉석식을 무조건 먹지 말라고 할 수는 없는 상황이 된 것이다. 그러므로 즉석식을 먹어야 한다면, 즉석식에 대한 영양 정보를 잘 알고 올바르게 선택하는 것이 필요하다.

2 그렇다면 즉석식을 선택할 때의 바람직한 방법은 무엇일까? 먼저 세트 메뉴보다는 단품 메뉴 위주로 주문하는 방법이다. 가격이 저렴하다는 이유로 세트 메뉴를 주문할 경우, 열량과 지방, 나트륨을 너무 많이 섭취할 위험이 있기 때문이다. 또한 메뉴를 고를 때는 영양 균형을 고려해야 한다. 이를테면 햄버거를 먹을 때 샐러드를 같이 주문하여 무기질과 비타민을 보완하고, 콜라 대신 우유를 선택하여 칼슘을 보충하면 균형 잡힌 식사가 될 수 있는 것이다.

3 다음으로는 열량이 높거나 지방이 많은 즉석식을 피하는 방법이다. 대부분의 즉석식 업체들은 인터넷 사이트를 통해 제품의 종류와 영양소의 함량을 공개하고 있으므로, 음식을 주문하기에 앞서 이러한 것들을 미리 비교해 보는 것도 메뉴 선택의 좋은 방법이 될 수 있다. 즉석식을 먹는다는 것은 같지만, 상대적으로 열량이 낮고 지방이 적어서 몸에 부담이 적은 음식을 선택할 수 있기 때문이다.

4 ㄱ 마지막으로 같은 메뉴라면 크기가 작은 것을 고르는 방법이다. ㄴ 즉석식 메뉴의 크기가 클수록 열량이나 지방이 높기 때문이다. ㄷ 감자튀김은 작은 크기로 고르고, 음료수도 제일 작은 컵으로 주문하는 게 바람직하다. ㄹ 세 겹으로 된 햄버거보다는 두 겹으로 된 햄버거를 선택하고, 두꺼운 피자보다는 얇은 피자를 고르는 게 좋다. ㅁ 무엇보다도 햄버거에 들어가는 치즈는 단백질과 지방이 많고 열량이 풍부하므로 많이 먹는 것이 좋다.

5 최근에는 웰빙에 대한 관심이 높아지면서 즉석식도 다양한 웰빙 메뉴가 나오고 있다. 그러나 웰빙 메뉴라 하더라도 여전히 지방이 많고 열량이 높은 것이 많기 때문에, 체중을 조절하고자 하는 사람들에게는 적절한 외식 메뉴라고 할 수 없다. 그러므로 건강을 위해서는 가급적 즉석식을 덜 먹되, 즉석식을 먹어야 한다면 앞서 말한 방법들을 고려하여 메뉴를 올바르게 선택하도록 하자.

- **순화한**: 잡스러운 것을 걸러서 순수하게 한
- **서구화됨**: 서양인의 문화나 생활 방식에 영향을 받아 닮아 감
- **단품 메뉴**: 패스트푸드점에서 음료나 기타 메뉴를 묶어 파는 것이 아니라 하나만 단독으로 파는 품목
- **열량**: 식품의 영양가를 열에너지의 양으로 나타낸 단위
- **나트륨**: 소금의 주성분이기도 한, 알칼리 금속 원소의 하나. 동물의 몸 안에서 혈액 순환, 호흡, 소화 등의 작용에 중요한 구실을 함
- **보완하고**: 모자라거나 부족한 것을 보충하여 완전하게 하고
- **상대적**: 서로 맞서거나 비교되는 관계에 있는 것
- **웰빙**: 몸과 마음의 건강을 통해 행복을 추구하며 살아가는 일

글 내용 한눈에 보기

글을 이해해요

내용 이해

01 이 글의 제목을 바꾼다고 할 때 알맞은 것은 무엇인가요? [ ]

① 즉석식의 영양 정보
② 즉석식의 의미와 종류
③ 즉석식을 먹을 때의 문제점
④ 즉석식을 올바르게 고르는 방법
⑤ 즉석식 중에서 인기 있는 메뉴를 고르는 요령

내용 추론

02 이 글을 읽은 후 학생들이 나눈 대화입니다. 즉석식에 대해 바르게 이해한 사람은 누구일까요? [ ]

① 혜영 피자를 먹을 때는 얇은 것보다 도톰한 것을 고르는 게 좋구나.
② 동석 평소 햄버거를 콜라와 함께 먹었는데, 앞으로는 우유와 함께 먹어 볼래.
③ 현수 세트 메뉴를 시킬 때는 가격이 저렴한 것보다는 비싼 것을 선택해야겠어.
④ 민아 햄버거를 먹을 때는 영양을 생각해서 샐러드와 감자튀김을 추가해야겠어.
⑤ 초희 균형 잡힌 식사를 위해 두 겹보다는 세 겹으로 된 햄버거를 먹는 게 좋겠어.

내용 이해

03 이 글을 쓴 목적을 생각할 때, 4의 ㄱ~ㅁ 중에서 그 내용이 적절하지 않은 것은 무엇인가요? [ ]

① ㄱ ② ㄴ ③ ㄷ
④ ㄹ ⑤ ㅁ

중심 내용 쓰기

04 이 글의 중심 내용을 한 문장으로 완성해 보세요.

즉석식을 선택할 때는 단품 위주로 주문하고, 메뉴를 고를 때 영양 균형을 고려하며, ________________은 피하고, 같은 메뉴라면 ________________을 골라야 한다.

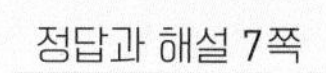

01 다음 낱말의 뜻을 찾아 바르게 연결해 보세요.

1 열량 •　　• ㉠ 물질이 어떤 성분을 포함하고 있는 분량

2 함량 •　　• ㉡ 식품의 영양가를 열에너지의 양으로 나타낸 단위

3 나트륨 •　　• ㉢ 소금의 주성분이기도 한, 알칼리 금속 원소의 하나

02 제시된 뜻과 예문을 참고하여 다음 초성에 해당하는 낱말을 빈칸에 쓰세요.

1 [ㅂ][ㄷ]: 어떠한 의무나 책임을 짐

예 그 일은 동생한테 너무 (　　　　　)을 준다.

2 [ㅂ][ㅇ]하다: 모자라거나 부족한 것을 보충하여 완전하게 하다.

예 우리는 서로의 약점과 단점을 (　　　　　)해 주는 좋은 친구 사이이다.

3 [ㅅ][ㄱ][ㅎ]되다: 서양인의 문화나 생활 방식에 영향을 받아 닮아 가다.

예 식생활이 (　　　　　)되어 학생들의 체격이 예전에 비해 커졌다고 한다.

03 다음 문장에 들어갈 알맞은 낱말을 보기에서 찾아 쓰세요.

보기

생활　　웰빙　　가급직　　상대직

1 패스트푸드 업계에도 [　][　] 바람이 불고 있다.

2 정의란 절대적인 것이 아니라 [　][　][　]인 것이다.

02 세계를 위해 일하는 NGO

❶ 우리가 사는 세계에는 환경, 가난, 인권, 전쟁, 재난 등 많은 문제가 있다. 세상이 더 살기 좋은 곳이 되려면 이러한 문제를 슬기롭게 해결해야만 한다. 그러나 많은 나라들이 자기 나라의 이익과 발전을 먼저 생각하기 때문에 지구촌 문제를 해결하려는 관심과 노력을 기울이지 않는 경우가 종종 있다. 이를 해결하기 위해 만든 단체가 바로 'NGO'이다. '비정부 기구'라고도 불리는 'NGO'는 정부나 국가와 상관없이 지구촌에서 발생하는 문제를 해결하기 위해 시민들이 모여서 활동하는 단체이다. 현재 국제 연합(UN)으로부터 그 지위를 인정받은 단체는 약 970개가 있는데 그중 대표적인 단체 세 가지를 살펴보도록 하자.

❷ '그린피스'는 1971년에 환경 보호와 세계 평화를 위해 만든 비정부 기구이다. 그린피스는 수차례에 걸친 항의 시위 끝에 남태평양에서 진행하던 프랑스의 핵 실험을 중단시켰고, 멸종 위기에 있는 고래를 보호하기 위해 10년에 걸친 캠페인을 진행하여 국제 포경 위원회로부터 잠재적인 고래잡이 중단 결정을 이끌어 내기도 하였다. 또한 오존층 파괴를 막기 위해 친환경 기술로 만든 냉장고 '그린 프리즈'를 개발하고, 이 기술을 전 세계가 무료로 사용할 수 있도록 공개하여 국제 연합(UN)에서 상을 받기도 하였다.

❸ '국경 없는 의사회'는 1971년에 프랑스 의사들과 의학 전문 언론인들이 만든 비정부 기구이다. 이 단체는 국제 인도주의 의료 구호 단체로, 인종·종교·정치적 신념을 떠나 차별 없는 구호 활동을 벌여 왔다. 주로 의료 지원이 부족한 곳이나 전쟁을 겪는 곳, 갑작스러운 전염병이나 자연재해가 일어난 곳을 찾아가 위기에 처한 사람들을 돕는 활동을 하고 있다. 1995년에 NGO로는 처음으로 북한의 수해 현장으로 들어가 전염병 예방 활동과 의약품 및 의료 장비 지원 활동을 하기도 하였다. 또한 1999년에는 세계 각지의 분쟁·참사 지역에 신속히 들어가 구호 활동을 펼침으로써 인도주의를 실현하고 일반 대중의 관심을 일으킨 공로를 인정받아 '노벨 평화상'을 수상하였다.

❹ '국제 앰네스티'는 사람이라면 누구나 가지는 기본적인 권리인 인권을 보호할 목적으로 1961년에 만든 비정부 기구이다. 정치적·종교적인 생각을 드러

정답과 해설 8쪽

내며 행동했다는 이유로 감옥에 갇힌 사람들이 풀려나도록 노력하거나, 사형 제도를 없애고 난민을 보호하는 활동 등을 하고 있다. 또한 각 나라에서 벌어지고 있는 다양한 인권 문제를 해마다 보고서로 발표하기도 한다. 이러한 공로를 인정받아, 국제 앰네스티는 1977년에 '노벨 평화상', 1978년에 '유엔 인권상'을 수상하였다.

- **포경**: 고래를 잡는 일
- **잠재적**: 겉으로 드러나지 않고 숨은 상태로 존재하는 것
- **인도주의**: 인간의 존엄성(함부로 대하거나 가볍게 여길 수 없는 귀한 성질)을 최고의 가치로 여기고 인종, 민족, 국가, 종교 등의 차이를 넘어 인류의 안녕과 복지를 꾀하는 것을 이상으로 하는 사상이나 태도
- **구호**: 재해나 재난 따위로 어려움에 처한 사람을 도와 보호함. 또는 병자나 부상자를 간호하거나 치료함
- **분쟁**: 말썽을 일으키어 시끄럽고 복잡하게 다툼
- **참사**: 비참하고 끔찍한 일
- **공로**: 일을 마치거나 목적을 이루는 데 들인 노력과 수고. 또는 일을 마치거나 그 목적을 이룬 결과로서의 공적

글 내용 한눈에 보기

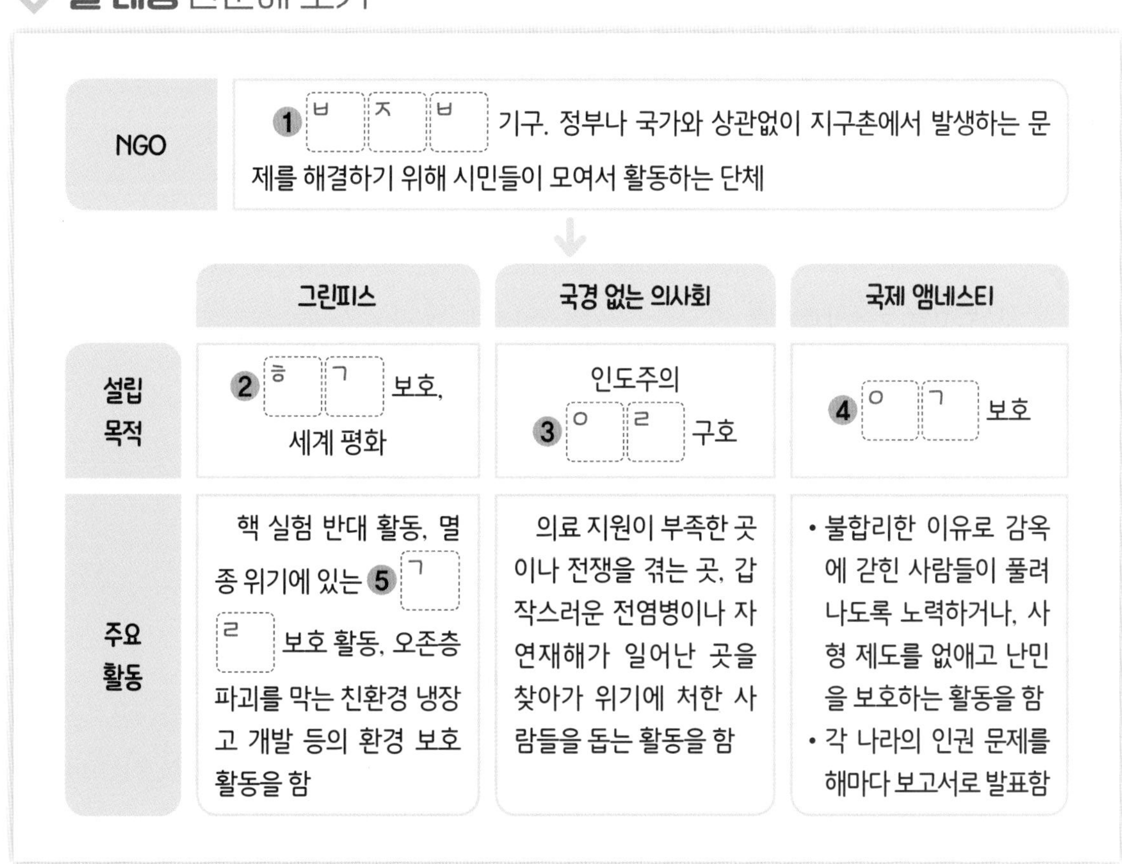

NGO	❶ ㅂ ㅈ ㅂ 기구. 정부나 국가와 상관없이 지구촌에서 발생하는 문제를 해결하기 위해 시민들이 모여서 활동하는 단체		
	그린피스	**국경 없는 의사회**	**국제 앰네스티**
설립 목적	❷ ㅎ ㄱ 보호, 세계 평화	인도주의 ❸ ㅇ ㄹ 구호	❹ ㅇ ㄱ 보호
주요 활동	핵 실험 반대 활동, 멸종 위기에 있는 ❺ ㄱ ㄹ 보호 활동, 오존층 파괴를 막는 친환경 냉장고 개발 등의 환경 보호 활동을 함	의료 지원이 부족한 곳이나 전쟁을 겪는 곳, 갑작스러운 전염병이나 자연재해가 일어난 곳을 찾아가 위기에 처한 사람들을 돕는 활동을 함	• 불합리한 이유로 감옥에 갇힌 사람들이 풀려나도록 노력하거나, 사형 제도를 없애고 난민을 보호하는 활동을 함 • 각 나라의 인권 문제를 해마다 보고서로 발표함

글을 이해해요

내용 이해

01 이 글에 대한 설명이 맞으면 ○, 틀리면 × 표시를 하세요.

1 NGO는 정부나 국가의 지원을 받아 지구촌 문제를 해결하는 기구이다. [○ / ×]

2 국경 없는 의사회는 국제 인도주의 의료 구호 단체로, 다양한 이유로 위기에 처한 사람들을 돕는 활동을 한다. [○ / ×]

내용 이해

02 이 글에 제시된 지구촌 문제에 해당하지 않는 것은 무엇인가요? [ ]

① 환경 오염 ② 시험 제도 ③ 인권 침해
④ 전쟁과 난민 ⑤ 빈곤과 기아

내용 이해

03 다음 설명과 관련 있는 NGO를 이 글에서 찾아 쓰세요. [ ]

- 만든 시기: 1971년
- 만든 목적: 환경 보호와 세계 평화 추구
- 주요 활동: 핵 실험 반대, 야생 동물 및 해양 보호 등

내용 추론

04 국제 앰네스티가 하는 일로 알맞지 않은 것은 무엇일까요? [ ]

① 난민을 보호하는 활동
② 인권을 보호하는 활동
③ 사형 제도를 없애려는 활동
④ 아픈 사람들에게 의료를 지원해 주는 활동
⑤ 정치적인 이유로 감옥에 갇힌 사람들이 풀려날 수 있게 하는 활동

중심 내용 쓰기

05 이 글의 중심 내용을 한 문장으로 완성해 보세요.

NGO는 ________________ 하기 위해 시민들이 모여서 활동하는 단체로, 대표적으로 그린피스, 국경 없는 의사회, 국제 앰네스티 등이 있다.

어휘를 익혀요

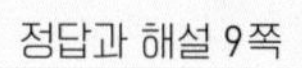
정답과 해설 9쪽

01 다음 낱말의 뜻을 찾아 바르게 연결해 보세요.

1. 공로 •
2. 참사 •
3. 포경 •

• ㉠ 고래를 잡는 일
• ㉡ 비참하고 끔찍한 일
• ㉢ 일을 마치거나 목적을 이루는 데 들인 노력과 수고. 또는 일을 마치거나 그 목적을 이룬 결과로서의 공적

02 제시된 뜻과 예문을 참고하여 다음 초성에 해당하는 낱말을 빈칸에 쓰세요.

1. [ㅂ][ㅈ] : 말썽을 일으키어 시끄럽고 복잡하게 다툼
예 두 나라는 길고 긴 영토 (　　　　　)을 마침내 끝내기로 하였다.

2. [ㅈ][ㅈ][ㅈ] : 겉으로 드러나지 않고 숨은 상태로 존재하는 것
예 언젠가는 나의 (　　　　　)인 능력이 꼭 나타날 것이라고 믿는다.

3. [ㄱ][ㅎ] : 재해나 재난 따위로 어려움에 처한 사람을 도와 보호함. 또는 병자나 부상자를 간호하거나 치료함
예 우리는 홍수로 피해를 입은 사람들을 위한 (　　　　　) 성금을 모금하고 있다.

03 다음 문장에 들어갈 알맞은 낱말을 보기에서 찾아 쓰세요.

보기

예방　　인권　　재난　　중단

1. [　][　] 주사를 맞은 사람은 그 병에 면역이 된다.
2. 갑작스러운 폭풍으로 여객선의 운항 [　][　]이 결정되었다.

이런 명언 들어 봤니?

1 주사위에는 1부터 6까지의 숫자가 있다. 이 주사위를 던지면 어떤 숫자가 나올까? 아무도 알 수 없다. 1이 나오면 좋겠는데 6이 나올 때가 있고, 5가 나오면 좋겠는데 3이 나올 때도 있다. 주사위는 손의 힘, 던지는 방향 등에 따라 나오는 숫자가 달라진다. 즉, 주사위에서 나오는 숫자는 내 마음대로 결정할 수 있는 것이 아니라 주사위가 던져지는 순간의 여러 상황에 의해 결정된다. 이런 주사위와 관련된 명언이 있다. 바로 옛날 로마의 장군, 율리우스 카이사르가 한 말이다.

2 카이사르 장군은 오랜 시간 수없이 많은 전쟁을 치렀으며 로마 주변 지역을 정복해 로마의 땅을 넓히기도 했다. 병사들은 점점 그런 카이사르를 믿고 따르게 되었고, 백성들도 카이사르를 좋아했다. 그 당시 로마에는 황제가 없었다. 황제가 나쁜 짓을 일삼아 내쫓아 버렸던 것이다. 대신 귀족 집단인 원로원이 나랏일을 상의하고 결정하였다. 그런데 병사들과 백성들이 점점 카이사르를 따르자 원로원은 마음이 불편했다.

3 당시 로마에는 장군이 군대를 이끌고 루비콘강을 건너면 안 된다는 법이 있었다. 왜냐하면 군대와 함께 로마에 들어오면 반역을 저지를 수 있기 때문이다. 루비콘강은 로마의 길목으로, 카이사르가 원로원을 따른다는 것을 보여 주려면 군대를 두고 혼자 강을 건너야 했다. 당시 원로원은 카이사르가 황제가 되고 싶어 한다고 의심하고 있었기 때문에 카이사르가 루비콘강을 혼자 건너면 카이사르를 죽이려고 계획하였다. 이 사실을 안 카이사르는 군대를 이끌고 들어가면 반역죄로 죽고, 혼자 들어가면 원로원에 의해 죽을 것이라고 생각했다. 어떤 선택을 해도 죽음을 피하기 어려우리라 생각한 카이사르는 루비콘강을 앞에 두고 고민에 빠졌다.

마침내 카이사르는 마음의 결정을 내리고 군대를 이끌고 루비콘강을 건넜다. 그러면서 ㉠ "주사위는 던져졌다."라고 말했다.

❹ 카이사르는 자신의 앞일을 알 수 없었다. 주사위를 던졌지만 무슨 숫자가 나올지 알 수 없듯이 말이다. 그래서 '주사위는 던져졌다.'라는 말은 '일이 이미 결정되었으니 실행할 수밖에 없다.'라는 뜻으로 쓰인다. 예를 들어 수학 대회, 축구 대회, 미술 대회 등에 나가기로 했다고 생각해 보자. 이미 나가기로 했으니 열심히 하는 수밖에 없다. 그럴 때 '주사위는 던져졌다.'라는 말을 사용할 수 있다. 율리우스 카이사르가 남긴 말은 지금도 자주 사용되는 명언이다. 아 참, 군대를 이끌고 루비콘강을 건넌 카이사르는 어떻게 되었을까? 카이사르는 결국 원로원을 없애는 데 성공하여 모든 권력을 혼자 차지하게 되었다고 한다.

- **명언**: 사리에 맞는 훌륭한 말. 또는 널리 알려진 말
- **반역**: 나라와 겨레를 배반함. 또는 통치자에게서 나라를 다스리는 권한을 빼앗으려고 함
- **실행할**: 실제로 행할

글 내용 한눈에 보기

카이사르가 루비콘강을 건너기 전	카이사르가 루비콘강을 건너면서
• 혼자 강을 건널 경우: ❶ [ㅇ][ㄹ][ㅇ]에 의해 죽을 것이라고 생각함 • ❷ [ㄱ][ㄷ]를 이끌고 강을 건널 경우: 반역죄로 죽을 것이라고 생각함	• 마음의 결정을 내리고 군대를 이끌고 강을 건넘 • "❸ [ㅈ][ㅅ][ㅇ]는 던져졌다."라고 말함

'주사위는 던져졌다.'	'일이 이미 결정되었으니 ❹ [ㅅ][ㅎ]할 수밖에 없다.'라는 뜻임

글을 이해해요

내용 이해

01 이 글의 내용으로 알맞지 않은 것은 무엇인가요? [ ]

① 율리우스 카이사르는 옛날 로마의 장군이다.
② 카이사르는 로마 주변 지역을 정복해 로마의 땅을 넓혔다.
③ 원로원은 카이사르가 황제의 관심을 독차지하여 그를 질투하였다.
④ 루비콘강에서 카이사르는 어떤 선택을 해도 죽음을 피하기 어렵다고 생각했다.
⑤ 반역죄로 죽을 수도 있지만 카이사르는 결국 군대를 이끌고 루비콘강을 건넜다.

내용 이해

02 '주사위는 던져졌다.'라는 말에 담긴 주사위의 특징은 무엇인가요? []

① 주사위는 여러 개를 한꺼번에 던질 수 있다.
② 주사위에서 나올 수 있는 가장 큰 수는 6이다.
③ 주사위는 한 사람이 무조건 한 번만 던질 수 있다.
④ 주사위를 던졌을 때 무슨 숫자가 나올지 아무도 알 수 없다.
⑤ 주사위는 주로 단단한 재질로 만들어져 쉽게 깨지지 않는다.

내용 추론

03 카이사르가 말한 ㉠에 담긴 속뜻은 무엇일까요? [ ]

① 원로원에게 살려 달라고 빌어야겠다.
② 앞으로 다시는 전쟁에 나가지 말아야겠다.
③ 원로원과 화해하고 앞으로 잘 지내야겠다.
④ 일단 로마에 들어가서 어떻게 할지 생각해 봐야겠다.
⑤ 로마에 들어가 원로원을 몰아내고 권력을 차지해야겠다.

중심 내용 쓰기

04 이 글의 중심 내용을 한 문장으로 완성해 보세요.

카이사르의 명언인 '주사위는 던져졌다.'라는 말은 '________________ ________________'라는 뜻으로 쓰인다.

정답과 해설 11쪽

01 다음 낱말의 뜻을 찾아 바르게 연결해 보세요.

1 명언 •　　• ㄱ 여럿이 모여 이룬 모임

2 반역 •　　• ㄴ 사리에 맞는 훌륭한 말. 또는 널리 알려진 말

3 집단 •　　• ㄷ 나라와 겨레를 배반함. 또는 통치자에게서 나라를 다스리는 권한을 빼앗으려고 함

02 제시된 뜻과 예문을 참고하여 다음 초성에 해당하는 낱말을 빈칸에 쓰세요.

1 [ㅅ][ㅇ]하다: 어떤 일을 서로 의논하다.

예 가족들과 함께 여름휴가에 어디를 가면 좋을지 (　　　　)했다.

2 [ㅇ][ㅅ]하다: 확실히 알 수 없어 믿지 못하다.

예 형은 자기의 간식을 내가 몰래 먹었다며 (　　　　)하고 있다.

3 [ㅈ][ㅂ]하다: 남의 나라나 민족 따위를 무력으로 쳐서 복종시키다.

예 나폴레옹은 한때 유럽 대부분을 (　　　　)하였다.

03 다음 문장에 들어갈 알맞은 낱말을 보기에서 찾아 쓰세요.

보기

귀족　　앞일　　사용하다　　실행하다

1 사람은 누구나 자신에게 닥칠 [　][　]을 알 수 없다.

2 그들은 마음을 합쳐서 일을 [　][　]하기로 결정했다.

04 빛의 마법

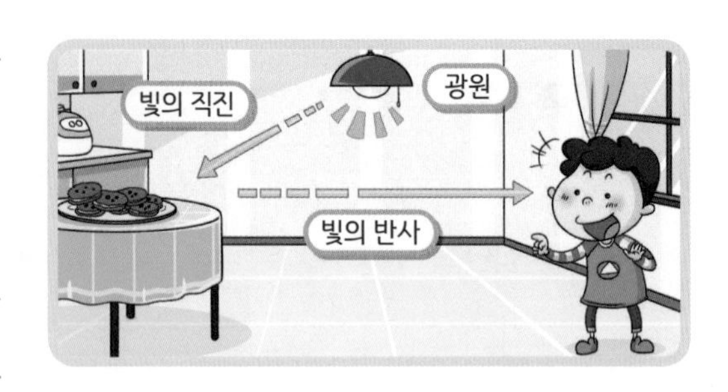

1 우리가 어떤 물체를 보기 위해서는 세 가지 조건이 필요하다. 스스로 빛을 내는 광원이 있어야 하고, 광원에서 나온 빛이 물체에 부딪혀서 반사되어야 하고, 이렇게 반사된 빛이 우리 눈으로 들어와야 한다. 광원에서 나온 빛은 방해물이 없으면 곧게 나아가는데, 이 현상을 빛의 직진이라고 한다. 빛을 가로막는 물체가 있으면 그 물체 뒷면에는 빛이 가서 닿지 않기 때문에 우리는 물체의 뒷면은 볼 수 없다. 빛에는 직진하는 성질 말고도 다양한 성질이 있다.

2 햇빛은 무색처럼 보이지만 사실은 여러 가지 색으로 이루어져 있다. 이렇게 혼합된 색을 구별할 수 있는 것은 빛의 반사 및 흡수와 관련이 있다. 앞서 말했듯이 우리는 빛이 물체에 부딪혀서 튕겨 나오는 현상, 즉 빛의 반사가 있어야만 물체를 볼 수 있다. 색을 보는 것도 마찬가지이다. 어떤 물체가 다른 색의 빛은 모두 흡수하고 특정 색의 빛만 반사하면, 우리 눈에는 반사된 바로 그 색의 빛이 물체의 색으로 보인다. 예를 들어 노란색 꽃은 노란색 빛만 반사하고 나머지 빛은 모두 흡수하기 때문에, 우리 눈에 노란색으로 보이는 것이다. 흰색 물체는 모든 빛을 반사하여 희게 보이고, 검은색 물체는 모든 빛을 흡수하여 검게 보인다. 이렇듯 물체마다 빛에서 반사하거나 흡수하는 색이 다르기 때문에 우리 눈에 물체의 색이 제각기 다르게 보인다.

3 물이 담긴 컵에 빨대를 넣으면 빨대가 꺾인 것처럼 보이거나, 물속에 다리를 넣으면 다리가 짧고 굵게 보이는 것도 빛의 성질 때문이다. 공기 속에서 직진하던 빛은 새로운 물질인 물을 만나면 일부는 반사되거나 흡수된다. 그리고

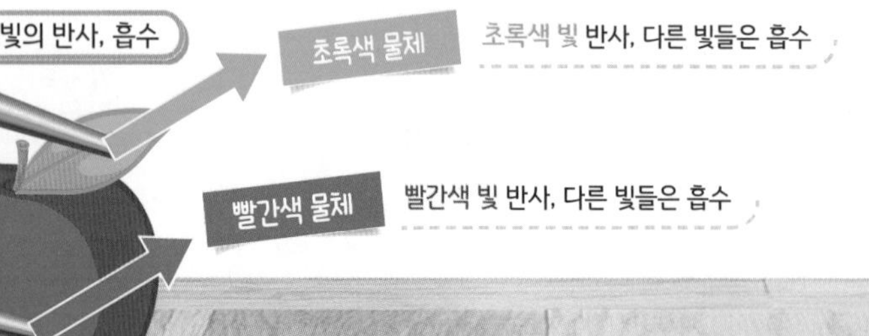

일부는 그 경계면에서 비스듬하게 꺾여서 물속으로 들어간다. 이렇게 빛이 다른 물질의 경계면에서 꺾이는 현상을 빛의 굴절이라고 한다. 그렇다면 우리가 유리컵에 담긴 빨대를 볼 수 있는 것은 무엇 때문일까? 유리컵이 빛을 통과시키기 때문이다. 빛이 어떤 물질을 통과하는 것을 빛의 투과라고 한다.

4 우리가 유리창 밖의 풍경을 볼 수 있는 것도, 빛이 유리창을 통과해서 유리창 밖의 물체들에 반사된 뒤 다시 우리 눈으로 들어오기 때문이다. 우리 주변에는 유리창처럼 빛을 대부분 통과시키는 투명한 물질도 있고, 색안경, 갈색 유리병, 두꺼운 종이처럼 빛을 조금 통과시키는 반투명한 물질도 있다. 하지만 투명해 보이는 유리컵이나 유리창도 완전히 투명하지는 않다. 대부분의 빛은 투과되지만 반사되는 빛도 있기 때문이다. 이 반사되는 빛 때문에 우리 눈에 유리컵, 유리창이 보이는 것이다.

◆ **광원**: 제 스스로 빛을 내는 물체
◆ **무색**: 아무런 빛깔이 없음

글 내용 한눈에 보기

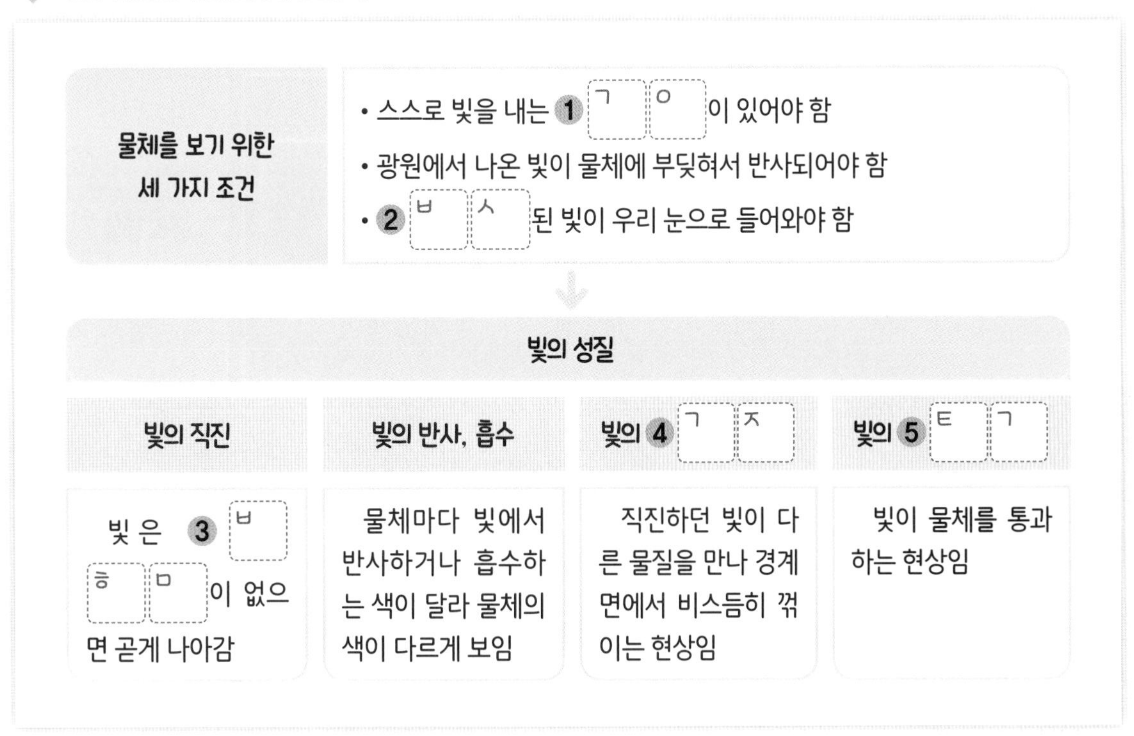

글을 이해해요

내용 이해

01 빛에 대한 설명으로 알맞지 않은 것은 무엇인가요? [ ]

① 빛은 방해물이 없으면 곧게 나아간다.
② 햇빛은 여러 가지 색으로 이루어져 있다.
③ 빛은 직진하다가 방해물을 만나면 반사된다.
④ 광원만 있으면 빛을 가로막는 물체의 뒷면을 볼 수 있다.
⑤ 물체에서 반사된 빛이 우리 눈으로 들어오면 물체를 볼 수 있다.

내용 추론

02 다음 그림에 대한 설명 중에서 알맞은 것은 무엇일까요? []

빨간색

흰색

검은색

① 빨간색으로 보이는 물체는 빨간색 빛만 반사한다.
② 흰색으로 보이는 물체는 빛의 모든 색을 흡수한다.
③ 검은색으로 보이는 물체는 빛의 모든 색을 반사한다.
④ 흰색과 검은색으로 보이는 물체는 모든 빛을 통과시킨다.
⑤ 광원이 달라지면 검은색으로 보이는 물체의 색이 달라진다.

내용 추론

03 보기의 물체 중에서 빛을 가장 많이 통과시키는 것을 골라 쓰세요. []

보기

나무 유리창 색안경 두꺼운 종이 갈색 유리병

중심 내용 쓰기

04 이 글의 중심 내용을 한 문장으로 완성해 보세요.

우리가 물체를 보고 색깔을 구별할 수 있는 이유는 빛이 ____________________ 하는 성질이 있기 때문이다.

어휘를 익혀요

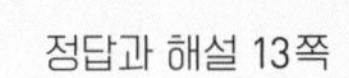

01 다음 낱말의 뜻을 찾아 바르게 연결해 보세요.

1 광원 • • ㉠ 곧게 나아감

2 반사 • • ㉡ 제 스스로 빛을 내는 물체

3 직진 • • ㉢ 빛이나 전파 등이 다른 물체의 표면에 부딪쳐서 나아가던 방향을 반대로 바꾸는 현상

02 제시된 뜻과 예문을 참고하여 다음 초성에 해당하는 낱말을 빈칸에 쓰세요.

1 ㅁ ㅅ : 아무런 빛깔이 없음

예 공기는 (   )이어서 눈으로 보기 어렵다.

2 ㅇ ㅂ : 한 부분. 또는 전체를 여럿으로 나눈 얼마

예 우리 중에 (   )는 악기를 다룰 수 있었다.

3 ㅅ ㅈ : 사물이나 현상이 가지고 있는 고유의 특성

예 철은 산소와 만나면 녹이 스는 (   )이 있다.

03 다음 문장에 들어갈 알맞은 낱말을 보기에서 찾아 쓰세요.

보기

통과하다   투과되다   혼합되다   흡수하다

1 칼슘 우유는 우유에 칼슘 성분이 ☐☐되어 있는 것이다.

2 죽을힘을 다해 달린 끝에 나는 1등으로 결승선을 ☐☐하였다.

05 정홍순 딸의 혼례 이야기

1 조선 정조 때, 우의정을 지낸 정홍순이라는 명재상이 살았다. 정홍순은 청렴하기로 방방곡곡에 소문난 인물이었는데, 그에게는 혼례를 앞둔 딸이 있었다. 시간이 흘러 혼례일이 가까워져 오자, 정홍순의 부인은 혼수 준비와 잔치에 쓸 비용이 슬슬 걱정되었다. 그러나 정홍순은 딸의 혼사에는 아무 관심도 없는 양 태평해 보였다. 그의 부인은 애가 탔지만, 말을 꺼낼 기회를 놓치고 시간만 흘러갔다. 마침내 혼례일을 겨우 보름 남긴 어느 날, 부인의 근심을 눈치챈 정홍순이 혼례 비용에 대해 물었다.

2 "혼수를 마련하려면 돈이 얼마나 들겠소?"

부인은 그간 정홍순이 딸의 혼사에 관심 없어 보였던 것이 서운했지만, 차분하게 대답했다.

"아무래도 팔백 냥은 필요할 거예요."

"그렇군. 그럼 혼례 잔치에는 얼마나 필요하겠소?"

하고 정홍순이 다시 물었다.

"적어도 사백 냥은 있어야 하지 않겠어요?"

"알겠소. 내가 늦지 않게 준비해 놓을 테니 아무 걱정하지 마시오."

정홍순은 고개를 끄덕이며 말했고, 부인은 그의 말에 안심하여 두 번 다시 묻지 않았다.

3 그런데 혼례 전날까지도 주문해 놓겠다던 혼수는 물론이고, 잔치에 쓸 물건까지 하나도 들어오지 않았다. 답답해진 부인이 이에 대해 묻자, 정홍순은 멋쩍게 웃으며 말했다.

"허허, 거참. 내 분명히 일러두었건만 혼수도, 잔치에 쓸 물건도 보내지 않은 것을 보니, 상인들이 정승인 내게 돈을 받기 곤란해서 그런 듯하오. 그렇다고 내가 시장 상인들과 다툴 수도 없으니 어쩌겠소. 그냥 집에 있는 것들로 장만하여 치릅시다."

이렇게 딸의 혼례가 끝나자, 정홍순의 사위는 내심 섭섭함이 컸다. 그래서 그는 혼례를 치른 뒤 몇 년이 흐르도록 처가에는 발길도 하지 않았다.

4 그렇게 몇 해가 지난 어느 날, 정홍순은 모처럼 딸과 사위를 집으로 불렀다. 오랜만에 만나 서로 안부를 물은 뒤, 정홍순은 그들을 데리고 길을 나섰다. 사위는 부루퉁한 얼굴로

장인을 뒤따랐다. 한참을 말없이 걷던 정홍순은 어느 집 앞에서 멈췄다. 거기에는 새로 지은 번듯한 기와집 한 채가 서 있었다. 정홍순은 딸과 사위에게 이렇게 말했다.

"지난날, 너희 혼례에 쓸 비용을 물었더니 천이백 냥이나 들겠다고 하더구나. 하루의 혼례를 치르자고 그 큰돈을 쓰느니, 혼례는 간소하게 하고 그 돈을 잘 활용하는 편이 낫겠다고 생각했다. 그래서 내가 몇 년간 그 돈을 불려서 이 집을 짓고 또 얼마간의 땅도 사 두었으니, 이만하면 너희가 평생 살아가는 데 굶주리는 일은 없을 것이다."

비로소 정홍순의 깊은 뜻을 깨달은 사위는 장인에게 큰절을 올렸다.

- **우의정:** 조선 시대에, 의정부에 속한 정일품 벼슬. 영의정, 좌의정과 함께 삼정승의 하나임
- **명재상:** 정사에 뛰어나서 이름난 재상
- **혼수:** 혼인에 드는 물품
- **혼사:** 혼인에 관한 일
- **냥:** 예전에, 엽전을 세던 단위. 한 냥은 한 돈의 열 배임

글 내용 한눈에 보기

혼례 준비	• 딸의 ❶ ㅎ ㄹ ㅇ 이 가까워지지만, 정홍순은 관심도 없이 태평하기만 함 • 부인에게 ❷ ㅎ ㄹ 비용을 물은 정홍순은 자신이 늦지 않게 준비하겠다고 말함
혼례 당일	정홍순은 ❸ ㅈ 에 있는 것들로 딸의 혼례를 치르고, 이에 실망한 사위는 처가에 발길을 끊음
혼례 이후	정홍순이 딸과 사위를 불러 그간의 사정을 밝히자, ❹ ㅅ ㅇ 가 장인의 깊은 뜻을 깨달음

↓

❺ ㄱ ㅅ 하게 살며 앞날을 대비하는 정홍순의 삶의 자세가 드러남

글을 이해해요

내용 이해

01 이 글에 대한 설명이 맞으면 ○, 틀리면 ✕ 표시를 하세요.

1 딸의 혼례가 가까워졌지만 정홍순은 아무런 관심도 없는 듯 태평해 보였다. [○ / ✕]

2 혼례가 끝나자, 정홍순의 딸은 아버지에 대해 섭섭함을 느끼고 눈물을 흘렸다. [○ / ✕]

내용 이해

02 이 글에서 알 수 있는 내용이 아닌 것은 무엇인가요? [✎]

① 정홍순은 조선 정조 때의 정승이다.
② 혼례가 끝난 뒤 정홍순의 사위는 처가에 발길을 끊었다.
③ 정홍순은 늦지 않게 혼례 준비를 하겠다며 부인을 안심시켰다.
④ 딸의 혼례 준비로 근심에 찬 정홍순의 부인은 정홍순을 재촉했다.
⑤ 정홍순의 부인은 혼수와 잔치 준비에 천이백 냥은 필요하다고 생각했다.

내용 추론

03 이 글이 주는 교훈을 바르게 파악한 사람은 누구일까요? [✎]

① 지호 결혼 준비는 양쪽 집안에서 같이 해야 하는 거야.
② 온유 아무리 좋은 뜻이라도, 다른 사람을 소홀히 대접하는 것은 옳지 않아.
③ 시안 부인이 정홍순의 속마음을 눈치챘는데도 모른 척하는 걸 보니 속이 깊은 것 같아.
④ 연우 혼례 비용을 아껴 집과 땅을 마련한 정홍순처럼, 검소하게 살면서 앞날에 대비하는 것이 좋겠어.
⑤ 다온 혼수와 잔치에 쓸 물건이 혼례일까지도 도착하지 않은 걸 보니, 매사에 준비를 철저하게 해야겠어.

중심 내용 쓰기

04 이 글의 중심 내용을 한 문장으로 완성해 보세요.

조선 정조 때의 명재상 정홍순은 딸의 ✎ ______________ 에 쓰일 돈을 절약하여, 훗날 딸과 사위에게 번듯한 ✎ ______________ 을 장만해 주었다.

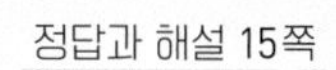

01 다음 낱말의 뜻을 찾아 바르게 연결해 보세요.

1 혼례	• •	ㄱ 혼인에 관한 일
2 혼사	• •	ㄴ 혼인에 드는 물품
3 혼수	• •	ㄷ 부부 관계를 맺는 서약을 하는 의식

02 제시된 뜻과 예문을 참고하여 다음 초성에 해당하는 낱말을 빈칸에 쓰세요.

1 [ㅌ][ㅍ]하다: 마음에 아무 근심 걱정이 없다.

예 시험이 코앞인데 누나는 (　　　　)하게 텔레비전을 보고 있다.

2 [ㄴ][ㅅ]: 겉으로 드러나지 아니한 실제의 마음

예 그 소식을 들은 동생은 (　　　　) 반가운 눈치였다.

3 [ㅇ][ㅂ]: 어떤 사람이 편안하게 잘 지내고 있는지 그렇지 아니한지에 대해 인사로 그것을 전하거나 묻는 일

예 내일은 할머니께 (　　　　) 전화를 드려야겠다.

03 다음 문장에 들어갈 알맞은 낱말을 보기에서 찾아 쓰세요.

보기

사위　　상인　　정승　　처가

1 시장 안은 손님을 부르며 흥정을 하는 [　][　]들의 목소리로 왁자지껄했다.

2 조선 시대의 정일품 벼슬인 영의정, 좌의정, 우의정을 통틀어 삼[　][　]이라고 한다.

고인돌을 아시나요?

1 고인돌은 청동기 시대의 대표적인 무덤으로, 지상이나 지하에 시신을 묻는 무덤방을 만들고 그 위에 큰 돌을 얹은 것이다. 그 형태에서 알 수 있듯이 고인돌이라는 이름은 '돌을 고이다.'라는 뜻에서 온 것인데, '고이다'는 기울어지지 않도록 아래를 받친다는 의미이다.

2 이 거대한 고인돌을 세우려면 오랜 시간과 많은 노동력이 필요하다. 그래서 고인돌은 수많은 사람을 동원할 수 있는 힘을 가진 지배자의 무덤일 것이라고 알려져 있다. 그러나 고인돌은 지배자뿐만 아니라 지배자의 가족들이나 공동체 집단, 또는 전쟁터에서 싸우다 전사한 사람들의 무덤으로도 만들어졌다. 또한 제사를 지내는 제단으로 사용되기도 하였다.

3 고인돌은 형태에 따라 크게 탁자식 고인돌, 바둑판식 고인돌, 개석식 고인돌로 나눌 수 있다. 탁자식 고인돌은 잘 다듬어진 여러 개의 받침돌을 세워 땅 위에 무덤방을 만들고, 그 위에 무덤방을 덮는 평평한 덮개돌을 올린 것이다. 바둑판식 고인돌은 지하에 무덤방을 만들고, 그 주위에 여러 개의 돌을 얹은 뒤 덮개돌을 올린 것이다. 바둑판식 고인돌은 탁자식 고인돌에 비해 받치는 돌이 짧다. 마지막으로 개석식 고인돌은 땅속에 무덤방을 만들고 받침돌 없이 무덤방 위에 커다란 돌을 올려 뚜껑을 덮은 것이다.

▲ 탁자식 고인돌

▲ 바둑판식 고인돌

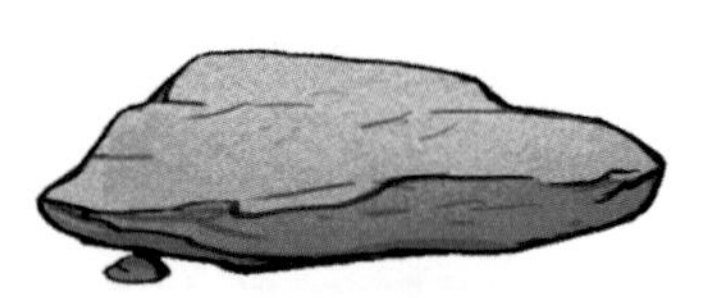
▲ 개석식 고인돌

4 고인돌은 전 세계에 분포해 있는데, 그중 절반 이상이 한반도에 있다. 특히 고창, 화순, 강화 지역의 고인돌은 우리나라는 물론 세계의 다른 어떤 나라보다 높은 밀도로 분포하며, 대부분 원형을 잘 유지하고 있어 보존 상태가 매우 뛰어나다. 이러한 가치를 인정받아 이 지역의 고인돌은 유네스코 세계 문화유산으로 지정되기도 하였다. 한편 제주 지역의 고인돌은 초기의 고인돌보다 발전된 형태를 띠며, 우리나라의 다른 지역에서는 찾아볼 수 없는 특징이 있어 세계적으로 주목받고 있다.

5 제주 지역의 고인돌은 우리나라의 고인돌 중 가장 나중에 만들어졌다. 다른 지역의 고인돌이 한 지역에 밀집해 있는 것과 달리, 제주 지역의 고인돌은 대부분 단독으로 자리한

▲ 제주 용담동의 고인돌(위석식 고인돌)

다. 또한 무덤방이 땅 위로 노출되어 있고, 덮개돌이 여러 개의 판석으로 둘러싸여 있는 형태의 고인돌도 있는데, 이는 제주 지역에서만 발견되는 독특한 형태이다. 현재 제주에 남아 있는 고인돌의 수는 120여 기로, 그리 많지 않다. 그 이유는 제주 지역의 고인돌이 주로 현무암으로 만들어진 탓에 다른 지역의 고인돌에 비해 깨지기가 쉬웠고, 고인돌이 있던 지역에 마을이 생기면서 많이 훼손되었기 때문이다.

- **청동기 시대:** 무기, 생산 도구와 같은 주요 기구를 청동으로 만들어 사용하던 시대. 석기 시대와 철기 시대의 중간 시대로, 우리나라에서는 기원전 1천 년경에 시작되었음
- **동원할:** 어떤 목적을 달성하고자 사람을 모으거나 물건, 수단, 방법 따위를 집중할
- **분포해:** 일정한 범위에 흩어져 퍼져 있어
- **기:** 무덤, 비석, 탑 따위를 세는 단위

글 내용 한눈에 보기

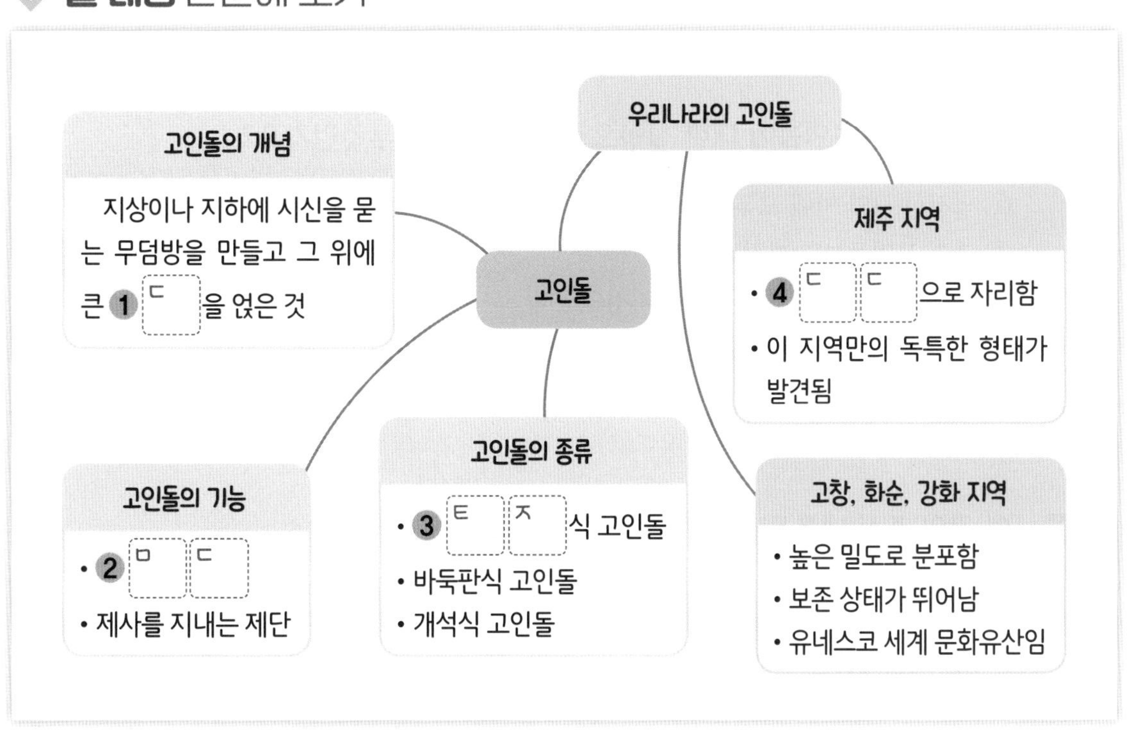

글을 이해해요

내용 이해

01 고인돌에 대한 설명이 맞으면 ○, 틀리면 × 표시를 하세요.

1 고인돌은 우리나라에만 있는 독특한 무덤이다. [○ / ×]

2 고인돌에는 지배자와 그 가족만 특별히 묻힐 수 있었다. [○ / ×]

3 고인돌은 무덤 외에도 제사를 지내는 용도로 만들어졌다. [○ / ×]

내용 추론

02 글쓴이가 이 글에서 설명하는 내용이 아닌 것은 무엇일까요? [ ]

① 고인돌 종류에 따른 특징
② 고인돌이라고 부르는 이유
③ 제주도 고인돌의 특별한 점
④ 우리나라에 고인돌이 많은 이유
⑤ 제주도의 고인돌이 주목받는 이유

내용 이해

03 다음 고인돌의 특징을 찾아 바르게 연결해 보세요.

1 개석식 •	• ㉠ 지하에 무덤방을 만들며 받침돌이 짧음
2 탁자식 •	• ㉡ 받침돌 없이 무덤방 위에 커다란 돌을 올림
3 바둑판식 •	• ㉢ 잘 다듬어진 여러 개의 받침돌을 세워 땅 위에 무덤방을 만듦

내용 이해

04 제주 지역의 고인돌에 대한 설명으로 알맞은 것은 무엇인가요? [ ]

① 일정한 구역 안에 모두 모여 있다.
② 초기 고인돌보다 발전된 형태를 띤다.
③ 유네스코 세계 문화유산으로 지정되었다.
④ 지금까지 남아 있는 고인돌의 수가 많은 지역이다.
⑤ 우리나라의 고인돌 중 가장 이른 시기에 만들어졌다.

중심 내용 쓰기

05 이 글의 중심 내용을 한 문장으로 완성해 보세요.

고인돌은 지상이나 지하에 ____________________을 얹은 청동기 시대의 무덤으로, 우리나라에서는 고창, 화순, 강화 지역과 제주 지역에 분포해 있다.

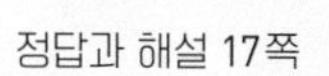

01 다음 낱말의 뜻을 찾아 바르게 연결해 보세요.

1 기 • • ㄱ 본디의 꼴

2 밀도 • • ㄴ 빽빽이 들어선 정도

3 원형 • • ㄷ 무덤, 비석, 탑 따위를 세는 단위

02 제시된 뜻과 예문을 참고하여 다음 초성에 해당하는 낱말을 빈칸에 쓰세요.

1 ㅁ ㅈ 하다: 빈틈없이 빽빽하게 모이다.

예 오랜만에 나온 공원에는 사람들이 발 디딜 틈도 없이 (   )해 있었다.

2 ㅂ ㅍ 하다: 일정한 범위에 흩어져 퍼져 있다.

예 우리나라의 인구는 서울에 집중적으로 (   )해 있다.

3 ㄷ ㅇ 하다: 어떤 목적을 달성하고자 사람을 모으거나 물건, 수단, 방법 따위를 집중하다.

예 우리는 꽉 닫힌 유리병을 열기 위해 온갖 방법을 (   )했다.

03 다음 문장에 들어갈 알맞은 낱말을 보기에서 찾아 쓰세요.

보기

단독   특징   노출되다   지정되다

1 흰옷은 다른 옷에 물들 수 있기 때문에 ☐☐으로 세탁하는 것이 좋다.

2 이 도로는 차들의 속도가 빨라서 보행자들이 교통사고를 당할 위험에 ☐☐되어 있다.

07 진짜? 가짜?

1 '아이언맨'이라는 영화 속 영웅의 이름을 들어 본 적이 있을 것이다. 아이언맨의 헬멧은 헬멧의 화면을 통해 현실 세계는 물론, 그 위로 다양한 그림, 도표 등의 정보를 겹쳐서 보여 준다. 아이언맨은 이 정보를 이용하여 적을 무찌른다. 영화 속에서만 있을 것 같은 이러한 모습을 이제 현실에서도 볼 수 있다. 과학 기술이 발달하면서 책이나 영화에서만 일어날 것 같던 일들을 실제로 경험할 수 있게 된 것이다. 그 대표적인 기술이 AR와 VR이다.

2 AR는 '증강 현실'이라고도 한다. 스마트폰용 게임 중에 현실 세계에 나타나는 괴물을 잡으러 다니는 게임이 있다. 이 게임의 괴물들은 게임 속 배경에 나타나는 것이 아니라 우리가 사는 현실 세계의 모습과 겹쳐서 나타난다. 이처럼 AR는 현실 세계의 실제 모습에 가상의 이미지를 추가하여 보여 주는 기술이다. AR는 현실 세계에 가상 세계의 정보를 더하여 주므로 다양한 분야에서 사용되고 있다. 예를 들어 쇼핑할 때 직접 옷을 입지 않아도 마치 옷을 입은 것처럼 보여 주는 기술이나, 비행기의 조종사가 보는 실제 화면 위에 다양한 정보를 추가하여 보여 주는 장치 등에 AR가 활용되고 있다.

3 VR는 '가상 현실'이라고도 하는데, VR용으로 특수 제작된 헤드셋을 쓰면 놀라운 가상 세계가 펼쳐진다. 이 가상 세계는 360도 전 방향으로 펼쳐지기 때문에 우리는 완벽하게 새로운 세상을 경험할 수 있다. 이곳에서 우리는 다른 곳으로 이동하기도 하고 물건을 움직이기도 한다. 물론 이것은 진짜가 아닌 가짜 이미지이다. 그렇지만 VR를 이용하여 세계의 유명 문화재가 있는 곳에 가 볼 수 있고, 의학 분야에서 수술 및 해부 연습을 하거나 군사 분야에서 전투기 조종 훈련을 할 수도 있다. 실제로 경험하기엔 너무 멀거나 위험하거나 하는 제약을 뛰어넘을 수 있는 것이다.

▲ AR

▲ VR

정답과 해설 18쪽

4 AR와 VR는 둘 다 실제로 존재하지 않는 가상의 이미지를 보여 주는 기술이라는 점에서 유사하다. 다만 AR는 현실 세계의 실제 모습에 가상의 이미지를 추가하는 방식이고, VR는 100% 가상의 이미지로 만든 세상을 보여 준다는 점에서 차이가 있다. 요즘에는 여기서 한발 더 나아가 현실 세계와 가상 세계의 정보를 결합하여 새로운 정보를 보여 주는 MR(혼합 현실)까지 나왔다. AR의 장점인 현실감과 VR의 장점인 몰입도를 모두 경험할 수 있는 기술인 셈이다. AR와 VR, 그리고 MR까지 기술의 세계는 나날이 발전하고 있다.

◆ **증강**: 수나 양을 늘리어 더 강하게 함
◆ **가상**: 실물처럼 보이는 거짓 형상
◆ **제약**: 조건을 붙여 내용을 제한함. 또는 그 조건

글 내용 한눈에 보기

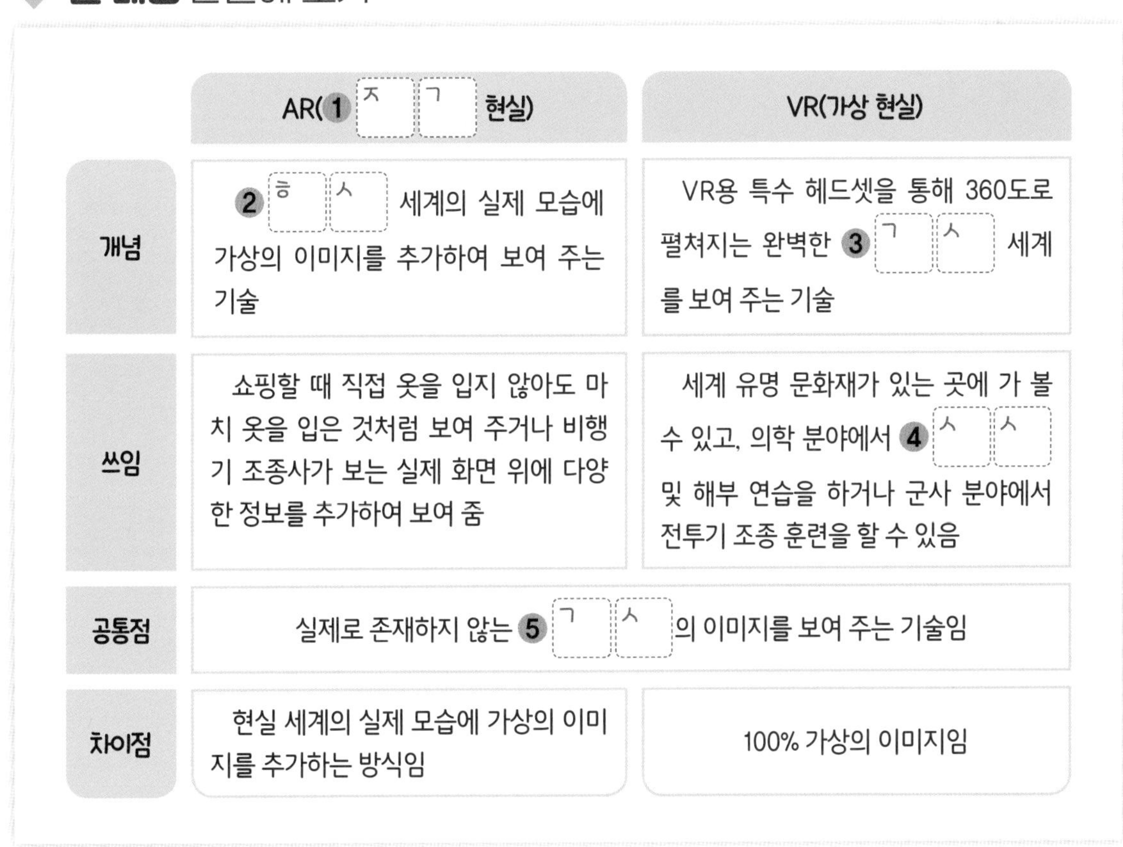

	AR(1 ㅈ ㄱ 현실)	VR(가상 현실)
개념	2 ㅎ ㅅ 세계의 실제 모습에 가상의 이미지를 추가하여 보여 주는 기술	VR용 특수 헤드셋을 통해 360도로 펼쳐지는 완벽한 3 ㄱ ㅅ 세계를 보여 주는 기술
쓰임	쇼핑할 때 직접 옷을 입지 않아도 마치 옷을 입은 것처럼 보여 주거나 비행기 조종사가 보는 실제 화면 위에 다양한 정보를 추가하여 보여 줌	세계 유명 문화재가 있는 곳에 가 볼 수 있고, 의학 분야에서 4 ㅅ ㅅ 및 해부 연습을 하거나 군사 분야에서 전투기 조종 훈련을 할 수 있음
공통점	실제로 존재하지 않는 5 ㄱ ㅅ 의 이미지를 보여 주는 기술임	
차이점	현실 세계의 실제 모습에 가상의 이미지를 추가하는 방식임	100% 가상의 이미지임

글을 이해해요

내용 이해

01 이 글에 대한 설명으로 알맞은 것을 골라 보세요.

1 실제 모습 없이 가상의 이미지만을 보여 주는 것은 [AR / VR]이고, 현실 세계의 실제 모습 위에 가상의 이미지를 추가하여 보여 주는 것은 [AR / VR]이다.

2 AR와 VR의 차이점은 현실 세계의 [가상 모습 / 실제 모습]이 바탕이 되는지 안 되는지에 있다.

내용 이해

02 이 글에 대한 설명으로 알맞지 않은 것은 무엇인가요? []

① AR와 VR는 실재하지 않는 가상의 이미지를 보여 준다.
② VR로 경험하는 가상 세계는 360도 전 방향으로 볼 수 있다.
③ AR는 가상의 이미지로 만든 여러 장소를 제약없이 다닐 수 있다.
④ MR는 현실감뿐만 아니라 몰입도까지도 모두 함께 경험할 수 있다.
⑤ MR는 현실 세계와 가상 세계의 정보를 결합해 새로운 정보를 보여 준다.

내용 추론

03 이 글의 제목을 바꾸려고 할 때, 제목으로 알맞은 것은 무엇일까요? []

① AR로 안전 체험을 한대요!
② 혼합 현실은 어떤 기술일까?
③ 증강 현실과 가상 현실이 궁금해!
④ 환상적인 VR 게임의 세계로 떠나요!
⑤ 증강 현실보다 가상 현실이 더 좋다고?

내용 추론

04 다음 중 AR가 사용된 사례가 아닌 것은 무엇일까요? []

① 스마트폰으로 도서관의 책을 보면 책 위에 책에 대한 정보가 뜬다.
② 비행기를 조종하는 상황을 가상의 비행기 안에서 연습하게 해 준다.
③ 가구를 사기 전에 잡지에 있는 가구를 실제 집에 배치한 모습을 보여 준다.
④ 관광 안내 태블릿으로 실제 관광지의 모습 위에 관광 정보를 겹쳐 안내한다.
⑤ 내비게이션에서 실제 도로 화면 위에 가상 지도와 교통 정보를 함께 보여 준다.

중심 내용 쓰기

05 이 글의 중심 내용을 한 문장으로 완성해 보세요.

'증강 현실'인 AR는 ______________________________
보여 주는 것이고, '가상 현실'인 VR는 360도 전 방향으로 가상 세계를 보여 주는 것이다.

정답과 해설 19쪽

01 다음 낱말의 뜻을 찾아 바르게 연결해 보세요.

1 가상 •	• ㄱ 사실의 경우나 형편
2 실제 •	• ㄴ 실물처럼 보이는 거짓 형상
3 증강 •	• ㄷ 수나 양을 늘리어 더 강하게 함

02 제시된 뜻과 예문을 참고하여 다음 초성에 해당하는 낱말을 빈칸에 쓰세요.

1 [ㅂ][ㄱ] : 뒤쪽의 경치

예 우리는 (   )이 멋진 곳에서 함께 사진을 찍었다.

2 [ㅇ][ㅁ] : 이름이 널리 알려져 있음

예 이 그림은 (   ) 화가가 그려서 값이 비싸다.

3 [ㅂ][ㅇ] : 여러 갈래로 나누어진 범위나 부분

예 그는 컴퓨터 (   )에서 손꼽히는 기술자이다.

03 다음 문장에 들어갈 알맞은 낱말을 보기에서 찾아 쓰세요.

보기

경험하다 유사하다 존재하다 추가하다

1 나는 지금껏 [ ][ ]하지 못했던 재미를 느꼈다.

2 우리는 둘 다 농구를 좋아한다는 점에서 [ ][ ]하다.

08 나무의 꿈, 종이의 꿈

1 990만 톤, 2억 9천만 킬로그램, 260억 개, 129억 건. 이 숫자들은 모두 종이와 관련이 있다. 우리나라에서 1년 동안 사용하는 종이의 양은 모두 990만 톤이다. 그중 복사 종이로는 약 2억 9천만 킬로그램을, 종이컵으로는 약 260억 개를 쓰고 있다. 종이 영수증 발행 건수도 129억 건에 달한다. 이 외에도 포장지, 택배 상자 등 일상생활에서 사용하는 종이는 셀 수 없이 많다. 그렇다면 이렇게 많은 종이는 어디에서 오는 것일까?

2 종이는 나무에서 얻은 펄프라는 원료로 만드는데, 종이 1톤을 만들기 위해서는 지름 20센티미터, 높이 12미터 나무를 기준으로 24그루가 필요하다. 종이를 만들기 위해 필요한 것은 나무뿐만이 아니다. 펄프를 종이로 만드는 과정에서 많은 물과 에너지, 화학 물질이 쓰인다. 그리고 종이를 만들면서 대기를 오염하는 이산화 탄소 등의 가스와 각종 폐기물이 나오기도 한다. 결국 종이는 자연을 파괴하여 얻은 물건인 것이다.

3 살아가면서 종이를 사용하지 않을 수는 없다. 그렇다면 어떻게 해야 보다 나은 방법으로 종이를 사용할 수 있을까? 이러한 고민 끝에 재생 종이가 탄생했다. 재생 종이란 사용하고 버려진 종이를 녹여서 다시 새 종이로 만든 것이다. 재생 종이는 폐지를 주로 사용하여 만들기 때문에 나무를 적게 베어도 된다. 또한 종이를 만드는 과정에서 일반 종이보다 물과 에너지가 적게 들고, 오염 물질도 적게 나온다. 그래서 우리가 1년 동안 사용하는 복사 종이 중에서 10퍼센트만 재생 종이로 바꾸어도 해마다 나무 27만 그루를 살릴 수 있고, 자동차 5천 대가 1년 동안 내뿜는 만큼의 이산화 탄소를 줄일 수 있다.

4 재생 종이가 일반 종이에 비해서 품질이 떨어지며, 재생 종이를 만들 때 화학 물질을 더 사용한다고 생각하는 사람도 있다. 하지만 기술이 발전하면서 일반 종이의 품질과 크게

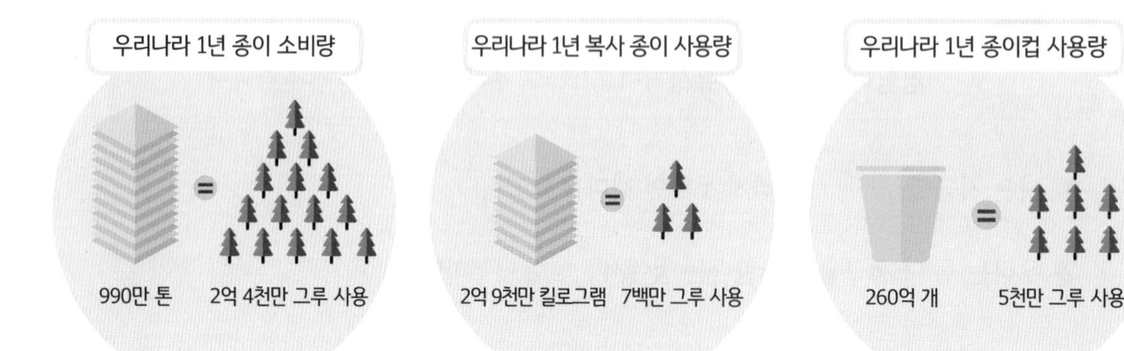

차이 나지 않는 질 좋은 재생 종이를 만들 수 있게 되었다. 복사 종이를 비롯해서 공책, 화장지, 영수증, 책까지 재생 종이의 쓰임은 점점 늘어나고 있다. 또한, 재생 종이에는 색깔을 하얗게 만들기 위해 사용되는 해로운 화학 물질이 일반 종이보다 훨씬 덜 들어 있다. 그렇기 때문에 눈의 피로를 줄여 주고 화학 물질 사용량도 줄일 수 있다는 장점이 있다. 무엇보다 재생 종이는 자연의 파괴를 막고 환경을 살리는 종이이다. 재생 종이로 만든 제품을 사용하는 우리의 작은 노력이 모여 환경을 지키는 큰 변화로 이어질 것이다.

- **톤**: 미터법에 의한 질량의 단위. 1톤은 1kg의 1,000배임. 기호는 t
- **원료**: 어떤 물건을 만드는 데 들어가는 재료
- **폐기물**: 못 쓰게 되어 버리는 물건

글 내용 한눈에 보기

종이 사용의 문제점

- 종이를 만들기 위해 아주 많은 나무가 필요함
- 종이를 만드는 과정에서 물과 ❶ ㅇ ㄴ ㅈ , 화학 물질이 많이 사용됨
- 종이를 만드는 과정에서 이산화 탄소와 폐기물이 나옴

주장: 종이를 사용하지 않을 수는 없으므로 ❷ ㅈ ㅅ ㅈ ㅇ 를 사용하자.

근거: 재생 종이의 장점

- 폐지를 주로 사용하여 만들기 때문에 ❸ ㄴ ㅁ 를 적게 베어도 됨
- 종이를 만드는 과정에서 일반 종이보다 ❹ ㅁ 과 에너지가 적게 들고, 오염 물질도 적게 나옴
- 색깔을 하얗게 만들기 위해 사용되는 화학 물질이 덜 들어 있어 눈의 피로를 줄여 주고 화학 물질 사용량도 줄일 수 있음

글을 이해해요

내용 추론

01 우리나라의 종이 사용량에 대한 메모로 알맞지 않은 것은 무엇일까요? [ ]

① 1년 종이 소비량 990만 톤

② 1년 복사 종이 사용량 2억 9천만 킬로그램

③ 1년 종이컵 사용량 260억 개

④ 1년 종이 영수증 사용량 129억 건

⑤ 1년 나무 소비량 7백만 그루

내용 이해

02 재생 종이에 대한 설명으로 알맞지 않은 것은 무엇인가요? [ ]

① 환경을 살릴 수 있는 종이이다.
② 화학 물질이 일반 종이보다 많이 들어 있다.
③ 사용하고 버려진 종이를 원료로 하여 만든 종이이다.
④ 만드는 과정에서 일반 종이보다 오염 물질이 적게 나온다.
⑤ 만드는 과정에서 일반 종이보다 물과 에너지가 적게 든다.

내용 이해

03 이 글에서 재생 종이가 쓰이는 예로 제시하지 않은 것은 무엇인가요? [ ]

① 공책 ② 화장지 ③ 물티슈
④ 영수증 ⑤ 복사 종이

중심 내용 쓰기

04 이 글의 중심 내용을 한 문장으로 완성해 보세요.

자연을 파괴하여 얻은 일반 종이 대신 ______________________
______________________를 사용하자.

어휘를 익혀요

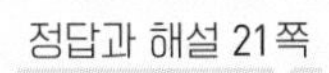
정답과 해설 21쪽

01 다음 낱말의 뜻을 찾아 바르게 연결해 보세요.

1 톤 •

2 재생 •

3 폐기물 •

• ㄱ 못 쓰게 되어 버리는 물건

• ㄴ 1kg의 1,000배인 질량의 단위

• ㄷ 낡거나 못 쓰게 된 물건을 가공하여 다시 쓰게 함

02 제시된 뜻과 예문을 참고하여 다음 초성에 해당하는 낱말을 빈칸에 쓰세요.

1 ㅈ ㅈ : 좋거나 잘하거나 긍정적인 점

예 예지의 (　　　　)은 친구들의 말을 잘 들어 주고 공감해 준다는 점이다.

2 ㅍ ㄱ : 조직, 질서, 관계 따위를 무너뜨림

예 무분별한 개발로 인한 생태계의 (　　　　)를 막아야 한다.

3 ㅍ ㄹ : 지나치게 일하여 정신이나 몸이 지쳐 힘듦. 또는 그런 상태

예 어제 너무 열심히 축구를 한 탓인지 (　　　　)가 쌓여 힘들었다.

03 다음 문장에 들어갈 알맞은 낱말을 보기에서 찾아 쓰세요.

보기

발행　　오염　　원료　　품질

1 중앙은행이 하는 역할 중에 가장 중요한 것은 화폐의 ☐☐이다.

2 줄임말이나 비속어의 사용 등으로 우리말의 ☐☐이 심각한 상태이다.

09 뱅글뱅글, 어떤 팽이를 돌려 볼까?

1 팽이치기는 얼음판이나 땅 위에서 팽이를 돌리며 노는, 대표적인 겨울철 민속놀이이다. 팽이치기가 언제부터 우리나라에서 시작되었는지는 정확히 알 수 없지만, 삼국 시대에도 널리 유행했을 만큼 오랜 시간 동안 전통을 이어 온 놀이로 알려져 있다. 팽이치기를 하기 위해 꼭 필요한 팽이는 '팽팽 도는 것'이라는 뜻인데, 지역에 따라 부르는 이름이 다르다. 경상도에서는 '빼이' 또는 '핑딩', 전라도에서는 '뺑돌이', 제주도에서는 '도래기' 등으로 불리고, 북한의 평안도에서는 '서리', '세리', 함경도에서는 '봉애', '방애' 등으로 불린다.

2 팽이는 주로 나무를 깎아서 만드는데, 그 생김새에 따라 종류가 다양하다. 말팽이는 거꾸로 세워 놓은 모양이 쌀의 양을 재는 도구인 '말'과 비슷하게 생겼다고 하여 붙인 이름인데, 윗부분은 원기둥 모양으로, 아랫부분은 원뿔 모양으로 뾰족하게 깎은 것이다. 장구팽이는 일명 활팽이라고도 하는데, 팽이의 허리 부분은 원기둥 모양으로, 위아래 부분은 모두 원뿔 모양으로 뾰족하게 깎은 팽이이다. 이 팽이는 양옆을 다 칠 수 있는 장구처럼, 위아래 구별 없이 돌릴 수 있다는 의미에서 장구팽이라고 불린다. 줄팽이는 말팽이와 형태가 비슷하지만 팽이의 허리가 길고 허리에 오목하게 줄을 낸 것이 다르다.

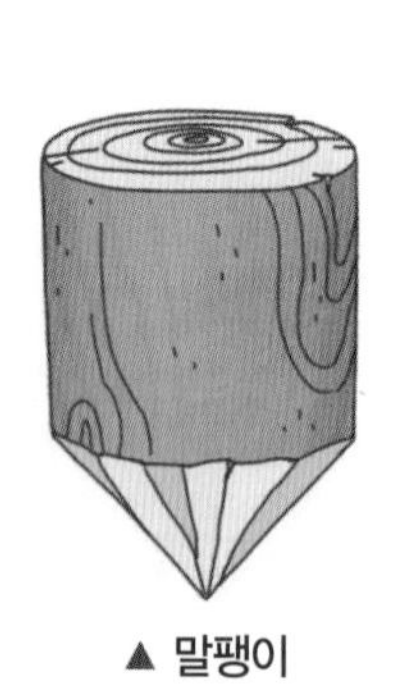

▲ 말팽이

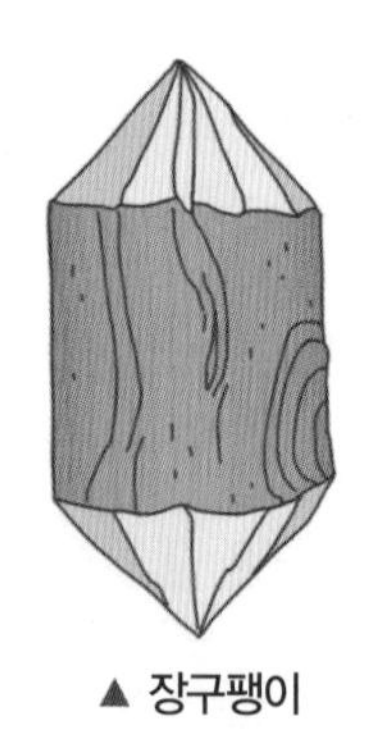

▲ 장구팽이

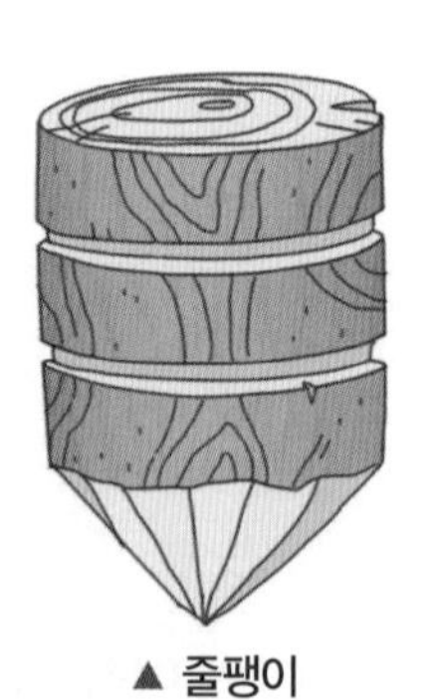

▲ 줄팽이

3 일반적으로 팽이는 팽이채로 팽이의 몸통을 치거나, 팽이를 끈으로 감았다가 풀면서 돌린다. 그러나 팽이채나 끈을 쓰지 않고 돌리는 팽이도 있다. 바가지팽이는 깨진 바가지 조각을 손바닥 크기로 둥글게 깎은 다음 가운데에 작은 구멍을 뚫어 그 구멍에다 끝을 뾰족하게 깎은 나무를 꽂아 만든 것이다. 가운데 박아 둔 나무 심을 두 손바닥 사이에 끼우고 힘껏 비비면서 바닥에 놓거나, 한 손의 엄지와 검지로 잡아 비비면서 돌린다. 이 밖에도 상수리나무 열매에다 막대를 끼워 만든 상수리팽이와 팽이의 몸통 위아래에 나무 심을 박아 만든 빼오리도 팽이채나 끈을 쓰지 않고 돌린다.

4 이처럼 팽이의 모양은 제각각이지만, 어떤 팽이든지 균형을 잘 잡고 보기 좋게 깎인 것이어야 팽이가 오래 돌아가며 보는 맛도 있다. 그래서 어린아이들은 잘 돌면서도 멋진 모양을 가진 팽이를 만들기 위해 애를 썼다. 그리고 열심히 만든 팽이를 돌리면서 팽이 싸움을 했다. 일정한 시간 동안 팽이를 힘껏 돌린 뒤에 어느 쪽이 더 오래 도는지, 출발점에서 어느 지점까지 팽이를 누가 빨리 몰고 돌아오는지, 돌고 있는 팽이를 상대 팽이의 몸통에 번갈아 가며 밀어 부딪게 하고 어느 쪽이 오래 도는지 등을 겨루는 것이다. 이때 팽이가 돌면 '살았다.', 멈추면 '죽었다.'라고 한다.

- **전통**: 어떤 집단이나 공동체에서, 지난 시대에 이미 이루어져 계통을 이루며 전하여 내려오는 사상·관습·행동 따위의 양식
- **오목하게**: 가운데가 동그스름하게 폭 패거나 들어가 있게

글 내용 한눈에 보기

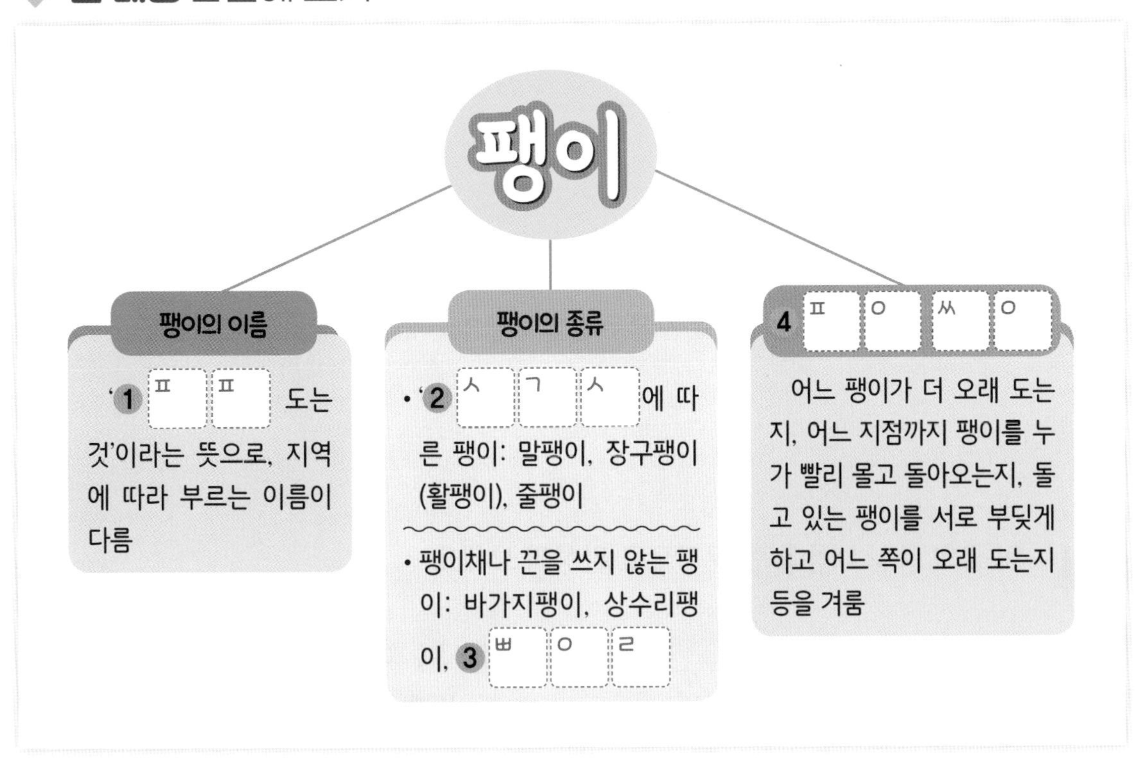

글을 이해해요

내용 이해

01 팽이에 대한 설명으로 알맞지 않은 것은 무엇인가요? [ ]

① 팽이는 얼음판이나 땅 위에서 돌린다.
② 팽이는 팽이채가 있어야만 돌릴 수 있다.
③ 팽이는 지역에 따라 부르는 이름이 다르다.
④ 언제부터 팽이치기를 하였는지 정확하게 알 수 없다.
⑤ 팽이는 오랜 시간 전통을 이어 온 대표적인 겨울철 놀이이다.

내용 추론

02 이 글의 내용을 바르게 이해하지 못한 사람의 이름을 쓰세요. [ ]

서준	나무 외에도 다양한 재료로 팽이를 만든다는 것이 신기했어.
수현	팽이가 돌면 '죽었다.', 팽이가 멈추면 '살았다.'라고 표현하는 게 재밌었어.
가연	팽이의 종류가 달라도 균형을 잘 잡는 팽이가 팽이 싸움에서 이길 수 있어.

내용 이해

03 다음 팽이에 대한 설명이 알맞은 것은 무엇인가요? [ ]

① **말팽이:** 활팽이라고도 부른다.
② **줄팽이:** 팽이의 허리에 오목한 줄이 있다.
③ **장구팽이:** 말팽이와 비슷한 형태를 하고 있다.
④ **상수리팽이:** 바가지 조각에 구멍을 내서 만든 것이다.
⑤ **뺑오리:** 팽이의 위아래 부분을 모두 원뿔 모양으로 깎은 것이다.

중심 내용 쓰기

04 이 글의 중심 내용을 한 문장으로 완성해 보세요.

팽이는 '____________'이라는 뜻으로, 그 종류는 생김새에 따른 팽이와 ____________________는 팽이로 나눌 수 있다.

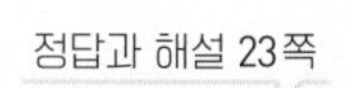

01 다음 낱말의 뜻을 찾아 바르게 연결해 보세요.

1 구별	ㄱ 사물의 부문을 나누는 갈래
2 종류	ㄴ 성질이나 종류에 따라 차이가 남
3 대표적	ㄷ 어떤 분야나 집단에서 무엇을 대표할 만큼 전형적이거나 특징적인 것

02 제시된 뜻과 예문을 참고하여 다음 초성에 해당하는 낱말을 빈칸에 쓰세요.

1 [ㅎ][ㅌ]: 사물의 생김새나 모양

예 이 과자는 별 모양의 (   )를 하고 있다.

2 [ㄱ][ㄹ]다: 서로 버티어 승부를 다투다.

예 아이들은 운동장에서 누가 빨리 달리는지를 (   )었다.

3 [ㅇ][ㅁ]하다: 가운데가 동그스름하게 폭 패거나 들어가 있는 상태이다.

예 두루미는 부리가 길어서 (   )한 접시에 담긴 음식을 먹지 못하였다.

03 다음 문장에 들어갈 알맞은 낱말을 보기에서 찾아 쓰세요.

보기

균형 몸통 열매 전통

1 달려오던 동생은 비틀거리다가 결국 [ ][ ]을 잃고 넘어졌다.

2 한복은 한국인들이 오래전부터 입어 온 한국의 [ ][ ] 의상이다.

10 바보 의사 장기려

1 소년 시절부터 의사가 되겠다는 꿈을 키워 온 장기려는 이를 이루기 위해 노력했다. 마침내 꿈을 이뤄 경성 의학 전문학교에 입학했지만, 넉넉하지 않은 집안 형편 때문에 그는 공부하는 내내 어려움을 겪어야 했다. 어려운 형편에서 공부를 마친 장기려는 돈이 없어서 의사의 진료를 받지 못하는 사람들을 위해 평생을 바치겠다고 다짐했다. 그래서 그는 좋은 자리를 마다하고 가난한 환자들이 많은 평양의 기홀 병원에서 외과 의사로 일하기 시작했다.

2 육이오 전쟁이 일어나자 장기려는 피란길에 올라 부산에 도착했다. 다친 사람들을 모른 척할 수 없었던 그는 창고를 빌려 병원을 세우고 무료로 피란민을 치료해 주었다. 많은 환자를 치료하는 것은 몹시 힘든 일이었다. 하지만 장기려는 얼마 안 되는 월급조차 병원 운영비로 썼다. 생활은 넉넉하지 않았지만, 그는 가난한 사람들을 위해 일했던 이때가 가장 행복했다고 했다. 가난한 사람들을 위해 평생을 바치겠다는 다짐을 지킬 수 있었기 때문이다. 자신의 이익은 따지지 않고 오직 가난한 사람을 위해 무료로 치료해 주는 그를 보고 사람들은 ㉠'바보 의사'라고 불렀다.

3 병원이 커지자 더 이상 무료 진료는 불가능해졌지만, 장기려는 여전히 가난한 사람들을 정성껏 치료해 주고, 치료비도 깎아 주었다. 장기려의 바보 같은 선행도 계속되었다. 치료비가 없어 치료를 받지 못하는 환자는 자신의 월급으로 치료해 주었다. 가난한 환자에게 써 준 그의 처방전에는 '이 환자에게 닭 두 마리를 살 돈을 주시오.'라고 적혀 있기도 했다. 한번은 치료비를 내지 못해 퇴원을 하지 못하는 환자에게 "그냥 도망가시오. 내가 밤에 병원 뒷문을 살짝 열어 놓을 테니." 하고 환자의 편을 들어 준 적도 있었다. 이런 희생과 봉사 정신은 그의 겸손한 마음에서 나왔다. 장기려는 입버릇처럼 자신은 가진 것이 많기 때문에 나누는 것뿐이라고 말했다.

4 장기려는 1979년에 아시아의 노벨상이라고 불리는 막사이사이 사회봉사상을 수상했다. 장기려는 이 소식을 듣고 깜짝 놀랐다. 자신이 이렇게 큰 상을 받을 자격이 있는 것일까 고민하던 장기려는 받은 상금 전부를 의료 기구를 사는 데 쓰기로 했다. 사람들은 그를 돈과 명예에는 관심이 없고 바보처럼 오직 환자와 평화만을 생각하는 사람이라고 말한다. 장기려는 1995년 죽을 때까지 환자만을 생각하는 삶을 살았으며, 자신의 선택을 한 번도 후회하지 않았다.

- **경성**: '서울'의 전 이름. 1910년에 일본이 침략하면서 한성을 고친 것임
- **피란길**: 난리를 피하여 가는 길. 또는 그 도중

글 내용 한눈에 보기

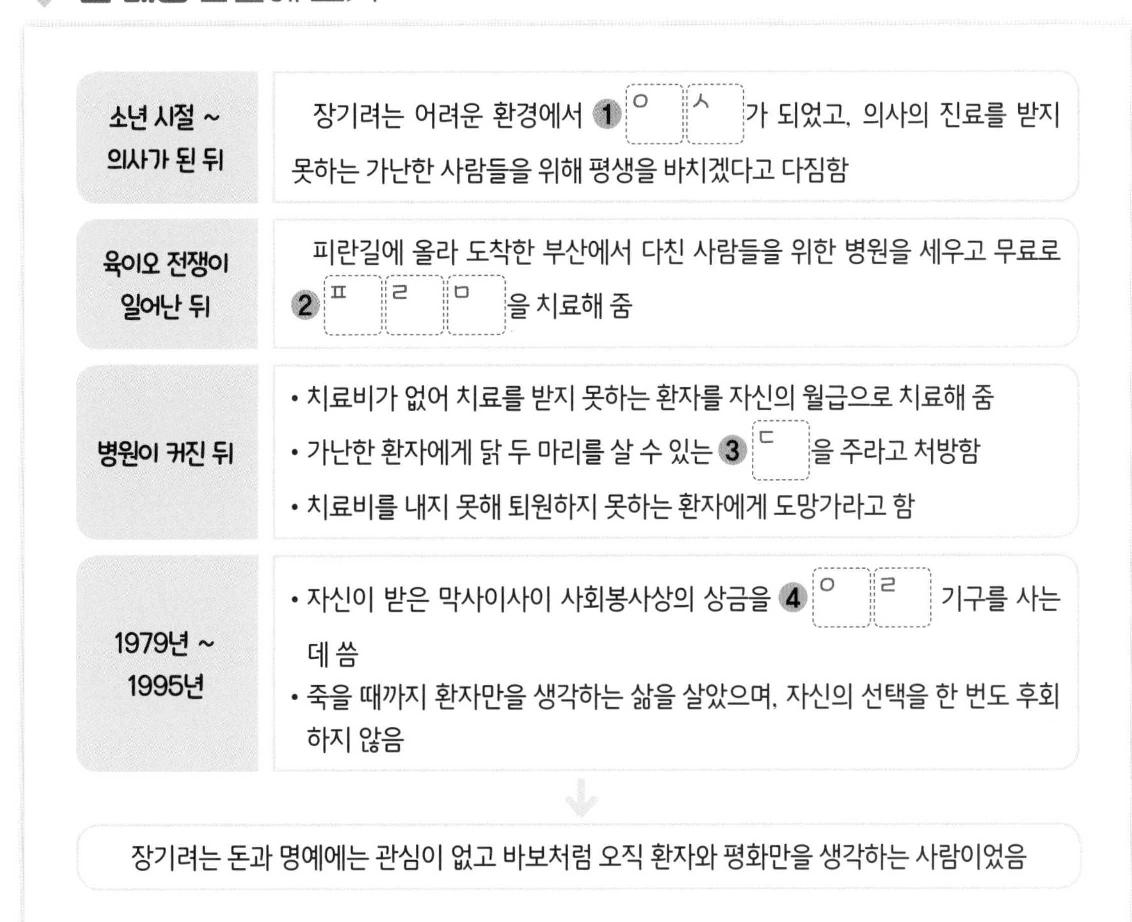

소년 시절 ~ 의사가 된 뒤	장기려는 어려운 환경에서 ① ㅇ ㅅ 가 되었고, 의사의 진료를 받지 못하는 가난한 사람들을 위해 평생을 바치겠다고 다짐함
육이오 전쟁이 일어난 뒤	피란길에 올라 도착한 부산에서 다친 사람들을 위한 병원을 세우고 무료로 ② ㅍ ㄹ ㅁ 을 치료해 줌
병원이 커진 뒤	• 치료비가 없어 치료를 받지 못하는 환자를 자신의 월급으로 치료해 줌 • 가난한 환자에게 닭 두 마리를 살 수 있는 ③ ㄷ 을 주라고 처방함 • 치료비를 내지 못해 퇴원하지 못하는 환자에게 도망가라고 함
1979년 ~ 1995년	• 자신이 받은 막사이사이 사회봉사상의 상금을 ④ ㅇ ㄹ 기구를 사는 데 씀 • 죽을 때까지 환자만을 생각하는 삶을 살았으며, 자신의 선택을 한 번도 후회하지 않음

↓

장기려는 돈과 명예에는 관심이 없고 바보처럼 오직 환자와 평화만을 생각하는 사람이었음

글을 이해해요

내용 이해

01 이 글에 드러난 인물의 정보에 맞게 빈칸에 알맞은 말을 쓰세요.

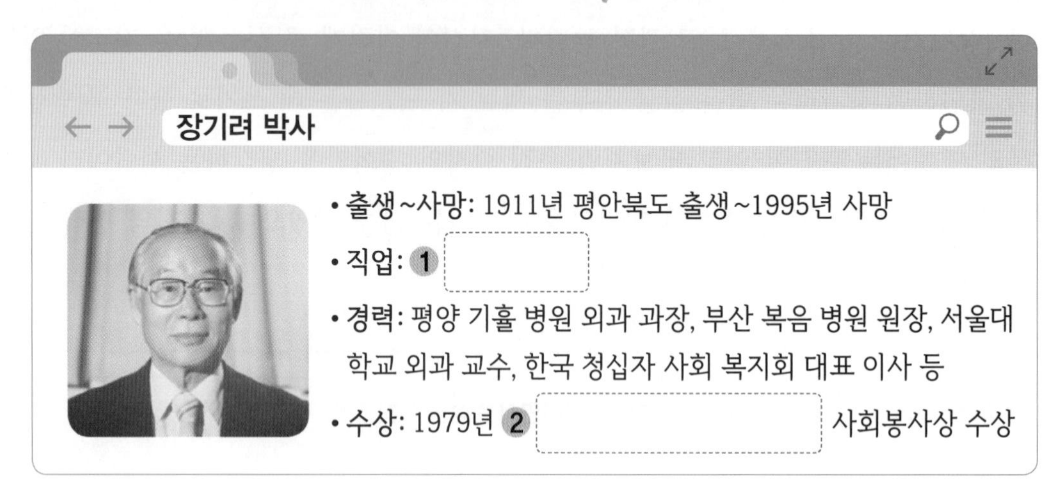

내용 추론

02 이 글을 읽은 후 학생들이 나눈 대화입니다. 장기려에 대해 바르게 평가하지 못한 학생은 누구일까요? [ ]

① 민지 돈이나 명예보다 환자만을 생각하는 훌륭한 의사였어.

② 아인 젊었을 때의 다짐을 죽을 때까지 지키는 의지가 굳은 사람이야.

③ 정우 많은 환자를 치료하기보다 위독한 환자를 살리는 데 집중한 의사야.

④ 주은 큰 상을 받고도 자신이 받을 자격이 있는지 고민한 겸손한 분이었어.

⑤ 현빈 장기려 선생님은 가난한 사람도 치료를 받을 수 있게 애쓰신 분이야.

내용 이해

03 ㄱ과 같은 모습이 드러난 장기려의 행동이 아닌 것은 무엇인가요? [ ]

① 열심히 공부하여 의사가 되었다.
② 다친 피란민을 무료로 치료해 주었다.
③ 병원비가 없는 환자를 몰래 도망가게 하였다.
④ 치료비가 없는 환자를 자신의 월급으로 치료해 주었다.
⑤ 가난한 환자에게 먹을 것을 살 돈을 주라고 처방하였다.

중심 내용 쓰기

04 이 글의 중심 내용을 한 문장으로 완성해 보세요.

장기려는 돈과 명예에는 관심이 없고 바보처럼 ______________________ 사람이었다.

정답과 해설 25쪽

01 다음 낱말의 뜻을 찾아 바르게 연결해 보세요.

① 선행	㉠ 착하고 어진 행실
② 자격	㉡ 일정 기간 병원에 머물던 환자가 병원에서 나옴
③ 퇴원	㉢ 일정한 신분이나 지위를 가지거나 일정한 일을 하는 데 필요한 조건이나 능력

02 제시된 뜻과 예문을 참고하여 다음 초성에 해당하는 낱말을 빈칸에 쓰세요.

① [ㅁ][ㄷ]하다: 거절하거나 싫다고 하다.

예 나는 친구의 부탁에 궂은일도 (　　　　　)하지 않고 열심히 도왔다.

② [ㅍ][ㄹ][ㅁ]: 난리를 피하여 가는 백성

예 전쟁이 일어나자 (　　　　　)들은 줄을 이어 남쪽으로 이동하기 시작했다.

③ [ㅍ][ㅅ]: 세상에 태어나서 죽을 때까지의 동안

예 그는 (　　　　　)을 우리나라의 의학 발전을 위해 힘써 왔다.

03 다음 문장에 들어갈 알맞은 낱말을 보기에서 찾아 쓰세요.

보기

명예　　이익　　형편　　희생

① 세상을 향한 그의 사랑과 [　][　]은 우리 모두에게 큰 감동을 주었다.

② '꿩 먹고 알 먹는다'라는 속담은 한 가지 일을 하여 두 가지 이상의 [　][　]을 보게 된다는 말이다.

11 공룡을 만나요

1 공룡은 영어로 '디노사우르(dinosaur)'라고 한다. 그리스어로 '무서운'이라는 뜻의 '다이노스'와 '도마뱀'이라는 뜻의 '사우루스'를 합쳐서 지은 것이다. 공룡은 크기와 생김새가 무척 다양하지만, 엉덩이뼈의 모양을 기준으로 해서 도마뱀을 닮은 공룡(용반목)과 새를 닮은 공룡(조반목)으로 나눈다. 도마뱀을 닮은 공룡은 다시 네 발로 걷는 용각류 공룡과 두 발로 걷는 수각류 공룡으로 나누는데, 대체로 용각류 공룡에는 초식 공룡이 많고 수각류 공룡에는 육식 공룡이 많다.

2 공룡 중에서 사람들에게 가장 널리 알려진 것은 '티라노사우루스'일 것이다. 티라노사우루스는 몸길이가 10~15미터이고, 몸무게가 5~9톤 내외인 몸집이 아주 큰 공룡으로, 공룡 중 가장 난폭하다고 알려져 있다. 티라노사우루스는 두 발로 다니는 수각류 공룡으로, 매우 강한 뒷발을 이용해 빠르게 움직일 수 있었다. 티라노사우루스의 또 다른 특징은 입이 엄청나게 크다는 것이다. 입으로 무는 힘도 매우 세서 먹잇감을 한번 물면 놓치는 법이 없었다. 그러니 육식 공룡인 티라노사우루스를 다른 공룡들이 무서워하지 않았을까?

3 '브라키오사우루스'는 지금까지의 육지 동물 중에서 가장 크다. 몸길이가 25~30미터이고, 몸무게는 50~80톤에 달한다. 현재 육지에서 제일 큰 동물인 코끼리는 크기가 3미터, 무게가 3톤이니 브라키오사우루스의 몸집이 얼마나 큰지 짐작해 볼 수 있다. 브라키오사우루스는 초식 공룡이며 네 발로 걷는 용각류 공룡에 속한다. 앞발이 뒷발보다 길며, 목과 꼬리는 길게 뻗어 있다. 신기하게도 콧구멍이 머리 위에 있는데, 그 이유는 아직 밝혀지지 않았다.

4 우리나라에서 발견된 공룡도 있다. 바로 '부경고사우루스'라고 불리는 공룡으로, 경남 하동 지역에서 발견되었다. 부경고사우루스는 용각류 공룡에 속하며 몸길이 15~20미터, 몸무게 20톤 내외의 대형 공룡이다. 우리나라에서 발견된

브라키오사우루스
티라노사우루스
부경고사우루스

공룡 중에서 새로운 종으로 인정된 첫 번째 공룡이자, 우리나라에 공룡이 많이 살았다는 증거이기도 하다. 우리나라의 남해안 지역에서는 부경고사우루스를 포함하여 공룡 발자국 흔적만 1만 개가 넘게 발견되었다. 그리하여 이 지역은 현재 세계 3대 공룡 발자국 화석 지역으로 인정받고 있다.

◆ **공룡**: 중생대 쥐라기와 백악기에 걸쳐 번성하였던 거대한 파충류를 통틀어 이르는 말

글 내용 한눈에 보기

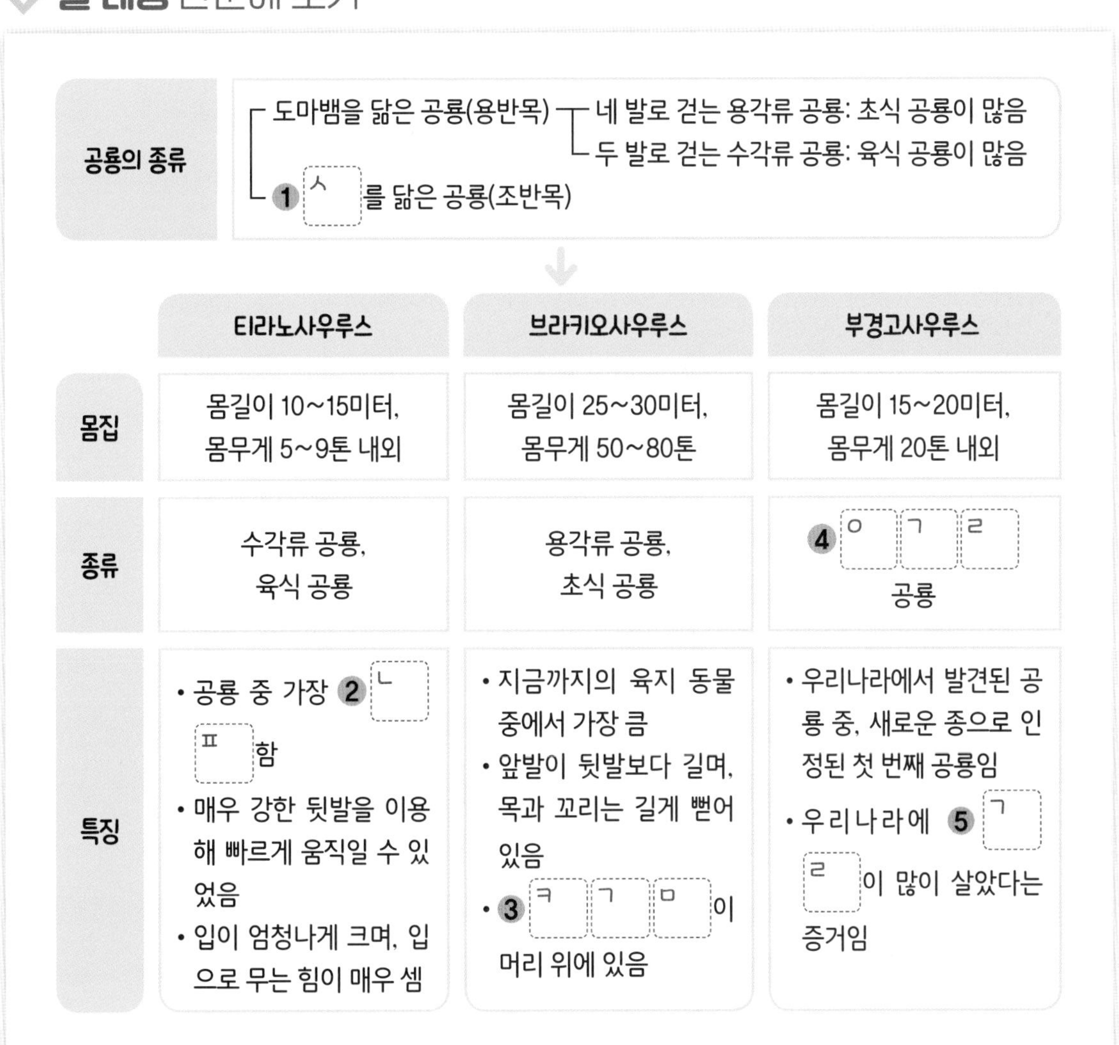

글을 이해해요

내용 이해

01 이 글에 대한 설명이 맞으면 ○, 틀리면 ✕ 표시를 하세요.

1 공룡은 엉덩이뼈의 모양을 기준으로 도마뱀을 닮은 공룡과 새를 닮은 공룡으로 나눈다. [○ / ✕]

2 용각류 공룡에는 육식 공룡이 많고, 수각류 공룡에는 초식 공룡이 많다. [○ / ✕]

내용 이해

02 이 글에 대한 설명으로 알맞지 않은 것은 무엇인가요? [ ]

① 공룡은 영어로 '디노사우르'라고 한다.
② 브라키오사우루스는 초식 공룡으로, 앞발이 뒷발보다 길다.
③ 도마뱀을 닮은 공룡은 용각류 공룡과 수각류 공룡으로 나눌 수 있다.
④ 브라키오사우루스는 네 발로 걷는 용각류 공룡으로, 육지 동물 중 가장 크다.
⑤ 남해안 지역에서 발견된 1만 개가 넘는 공룡의 뼈 화석을 통해 우리나라에 공룡이 많이 살았음을 알 수 있다.

내용 이해

03 티라노사우루스에 대한 설명으로 알맞은 것은 무엇인가요? [ ]

① 두 발로 걷는다.
② 입이 엄청나게 작다.
③ 목과 꼬리가 길게 뻗어 있다.
④ 주로 풀을 먹는 초식 공룡이다.
⑤ 매우 강한 앞발이 있어 빠르게 움직일 수 있다.

내용 이해

04 부경고사우루스에 대한 설명으로 알맞지 않은 것은 무엇인가요? [ ]

① 용각류 공룡에 속한다.
② 머리 위에 콧구멍이 있다.
③ 경남 하동 지역에서 발견되었다.
④ 새로운 종으로 인정된 공룡이다.
⑤ 몸무게 20톤 내외의 대형 공룡이다.

중심 내용 쓰기

05 이 글의 중심 내용을 한 문장으로 완성해 보세요.

티라노사우루스는 공룡 중 가장 난폭한 공룡이고, 브라키오사우루스는 육지 동물 중 가장 큰 공룡이며, 부경고사우루스는 ________________ ________________ 공룡이다.

어휘를 익혀요

정답과 해설 27쪽

01 다음 낱말의 뜻을 찾아 바르게 연결해 보세요.

1 증거 •
2 초식 •
3 화석 •

• ㄱ 주로 풀이나 푸성귀만 먹고 삶
• ㄴ 어떤 사실을 증명할 수 있는 근거
• ㄷ 아주 오랜 옛날에 살았던 동식물의 유해와 활동 흔적 따위가 퇴적물 중에 파묻힌 채로 또는 지상에 그대로 보존되어 남아 있는 것

02 제시된 뜻과 예문을 참고하여 다음 초성에 해당하는 낱말을 빈칸에 쓰세요.

1 [ㄴ][ㅍ]하다: 행동이 몹시 거칠고 사납다.
예 그 사람은 너무 (　　　　)해서 다른 사람들이 멀리한다.

2 [ㅇ][ㅈ]받다: 확실히 그렇다고 여김을 받다.
예 내 친구는 어릴 때부터 수학 신동으로 (　　　　)받았다.

3 [ㄷ]하다: 일정한 표준, 수량, 정도 따위에 이르다.
예 그 배우는 100여 편에 (　　　　)하는 영화에 출연했다.

03 다음 문장에 들어갈 알맞은 낱말을 보기에서 찾아 쓰세요.

보기
대형　　특징　　다양하다　　이용하다

1 우리는 여러 사람들의 [　][　]한 의견에 귀를 기울여야 한다.

2 우리 가족은 일주일에 한 번씩 집 근처의 [　][　] 마트에 간다.

12 공기의 몸속 여행

1 사람은 1분에 15~16회 정도 숨을 쉬고, 하루에 10,000리터 정도의 공기를 들이마신다. 우리가 들이마신 공기는 우리 몸에 들어가서 어떤 과정을 거쳐 다시 나오게 되는 것일까? 우리 몸에 들어간 공기의 뒤를 함께 따라가 보자.

2 우리가 들이마신 공기는 가장 먼저 코로 들어간다. 코는 콧속으로 들어오는 공기의 온도와 습도를 적절하게 조절하고, 공기에 있는 먼지와 같은 이물질들을 걸러 내는 역할을 한다. 만약 우리가 아주아주 작아져서 콧속에 들어간다면 "어휴! 진흙이 가득한 갈대숲 사이를 헤치고 가는 것 같아!"라고 할 것이다. 콧속에는 공기와 함께 들어오는 먼지를 걸러 내기 위해서 코털이 갈대처럼 마구 자라나 있기 때문이다. 또한 코점막은 코털에 의해 걸러진 먼지와 같은 이물질을 제거하기 위해서 끈적끈적한 액체를 내보내기도 한다. 밖에서 들어온 이물질과 이 끈적끈적한 액체가 뒤섞인 것이 바로 코딱지이다.

3 공기는 코를 지나면 기관과 기관지를 거쳐 폐로 가게 된다. 기관은 코와 연결되어 있으며 긴 관처럼 생긴 것으로, 공기의 이동 통로이다. 기관에서 양쪽 폐로 갈라져서 폐의 입구까지 이어져 있는 관이 기관지이다. 여기도 콧속처럼 가느다란 털이 나 있고 점액질을 내보내는데, 코에서 미처 걸러 내지 못한 이물질들을 걸러 내는 역할을 한다.

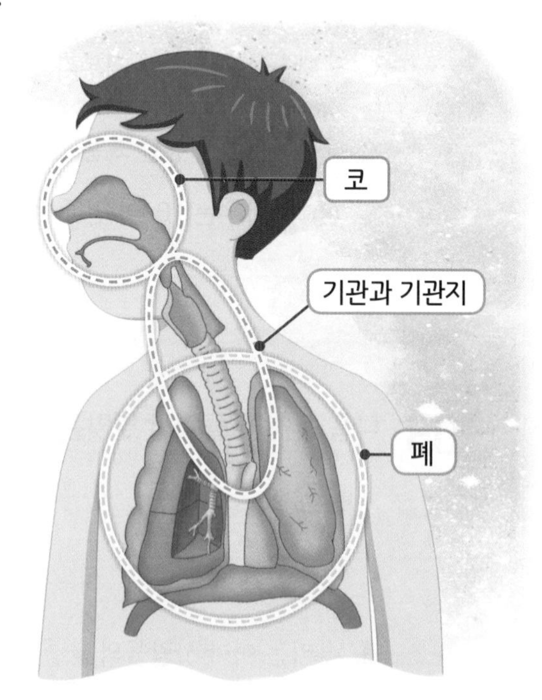

4 공기는 기관과 기관지를 지나 폐에 도착한다. 우리 몸의 좌우에 한 개씩 있는 폐는 넓게 펴진 나뭇잎 모양을 하고 있는데 스펀지처럼 말랑거리고 가볍다. 폐는 폐포라는 공기 주머니로 이루어져 있는데, 폐에는 대략 7억 5,000만 개 정도의 폐포가 있다. 만약 우리가 몸속에 들어가 폐를 직접 본다면 마치 포도 농장에 포도송이가 주렁주렁 달려 있는 것처럼 보일 것이다. 폐가 이렇게 작은 폐포로 이루어져 있는 이유는 공기와 맞닿는 부분을 늘려야 호흡을 더 쉽게 할 수 있기 때문이다.

5 폐에는 근육이 없다. 그러면 폐는 어떻게 공기를 들이마시고 내보내는 걸까? 폐는 흉곽이라는 바구니 모양의 갈비뼈 안에 담겨 있고, 그 아래에는 횡격막이라는 얇은 막이 있는데, 이 횡격막과 갈비뼈의 근육이 움직여서 폐를 늘렸다가 줄이며 숨을 쉬게 하는 것이다. 숨을 들이쉴 때는 횡격막이 내려가고 갈비뼈가 올라가서 가슴 속 공간이 커진다. 이렇게 폐가 확장되면서 공기가 들어온다. 반대로 숨을 내쉴 때는 횡격막이 올라가고 갈비뼈가 내려가면서 공기가 나간다. 이렇게 들숨과 날숨을 통해 숨을 쉬면 폐포에서 공기 교환이 이루어진다. 숨을 들이마실 때 공기 속에 들어 있던 산소는 몸으로 들어오고, 숨을 내쉴 때 몸에 있던 이산화 탄소는 몸 밖으로 나가게 된다. 이것이 바로 호흡이다.

◆ **습도:** 공기 가운데 수증기가 들어 있는 정도
◆ **점액질:** 차지고 끈적끈적한 물질

글 내용 한눈에 보기

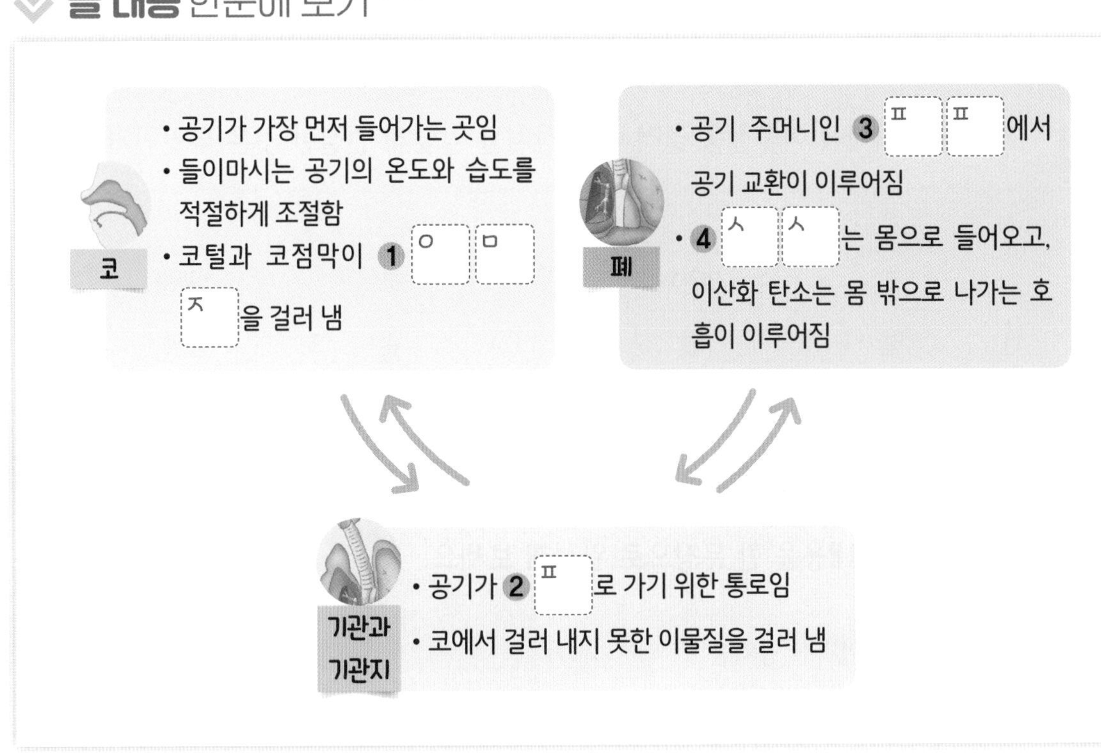

글을 이해해요

내용 이해

01 이 글에 대한 설명으로 알맞은 것을 골라 보세요.

1 밖에서 들어온 이물질과 코점막에서 나오는 끈적한 액체가 뒤섞인 것이 바로 [코털 / 코딱지]이다.

2 폐에는 [근육 / 점막]이 없어서, 횡격막과 [폐포 / 갈비뼈]의 도움으로 공기를 들이마시고 내보낸다.

내용 이해

02 호흡 기관에 대한 설명으로 알맞지 않은 것은 무엇인가요? []

① 기관지 안에는 점액질이 있다.
② 폐는 수많은 폐포로 이루어져 있다.
③ 폐는 흉곽이라는 갈비뼈 안에 담겨 있다.
④ 폐는 우리가 들이마신 공기가 가장 먼저 가는 곳이다.
⑤ 코는 콧속으로 들어오는 공기의 온도와 습도를 적절하게 조절한다.

내용 이해

03 호흡에 대한 설명으로 알맞은 것은 무엇인가요? []

① 들숨과 날숨을 통해 숨을 쉬면 흉곽에서 공기 교환이 이루어진다.
② 숨을 내쉴 때 몸에 들어 있던 산소가 몸 밖으로 나가게 되는 것이다.
③ 폐가 횡격막과 갈비뼈의 근육을 위아래로 움직여 숨을 쉬게 하는 것이다.
④ 숨을 내쉴 때는 횡격막이 올라가고 갈비뼈가 내려가면서 공기가 밖으로 나간다.
⑤ 숨을 들이쉴 때는 횡격막이 내려가고 갈비뼈가 올라가서 가슴 속 공간이 작아진다.

내용 이해

04 코와 기관지에서 이물질을 걸러 내는 장치를 알맞게 연결한 것은 무엇인가요? [ ]

	코	기관지		코	기관지
①	털	털	②	관	점막
③	점막	구멍	④	코딱지	공기
⑤	점액질	공기 주머니			

중심 내용 쓰기

05 이 글의 중심 내용을 한 문장으로 완성해 보세요.

우리가 들이마신 공기는 ________________ 를 거쳐 폐로 가게 된다.

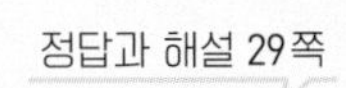

01 다음 낱말의 뜻을 찾아 바르게 연결해 보세요.

1 습도 •	• ㄱ 따뜻함과 차가움의 정도
2 온도 •	• ㄴ 정상적이 아닌 다른 물질
3 이물질 •	• ㄷ 공기 가운데 수증기가 들어 있는 정도

02 제시된 뜻과 예문을 참고하여 다음 초성에 해당하는 낱말을 빈칸에 쓰세요.

1 [ㅇ][ㄱ]: 들어가는 통로

예 친구들과 놀고 싶어서 나는 학원 (   ) 앞에서 한참을 망설였다.

2 [ㅈ][ㄱ]하다: 없애 버리다.

예 컵에 붙은 스티커를 (   )하느라 고생을 했다.

3 [ㅎ][ㅎ]: 숨을 쉼. 또는 그 숨

예 운동장을 한참 달렸더니, (   )이 가빠 왔다.

03 다음 문장에 들어갈 알맞은 낱말을 보기에서 찾아 쓰세요.

보기

공간　　교환　　연결되다　　확장되다

1 우리 몸의 핏줄은 마치 거미줄처럼 서로 [ ][ ]되어 있다.

2 새로 산 제품이 불량이라 다른 제품으로 [ ][ ]을 요청하였다.

13 우리말, 어떻게 쓰고 있을까?

1 해외에서 한국어를 배우려는 사람들의 수는 한국 대중문화의 인기에 힘입어 나날이 증가하고 있다. 2021년을 기준으로 해외 107개국 1,408개 대학에서 한국어·한국학 강좌를 운영 중이며, 82개국 234개소에 이르는 세종 학당에서는 약 700명의 한국어 교사가 근무하고 있다. 한국어를 자국어로 사용하는 우리는 이러한 변화를 자랑스럽게 생각하면서도, 정작 국어를 소중히 여기고 바르게 사용하려는 노력은 부족한 실정이다. 오늘날 우리의 국어 사용에는 어떠한 문제가 있는지 알아보도록 하자.

2 첫째, 무분별한 은어, 줄임말 사용의 문제이다. 인터넷과 스마트폰을 널리 사용하면서 젊은 층과 누리꾼들 사이에서 전에 사용한 적이 없는 새로운 말이 만들어져 유행하고 있다. '이야기'를 '썰'과 같은 은어로 사용하거나, '삼각김밥'을 '삼김'과 같이 줄임말로 사용하는 것 등이다. 이 같은 잘못된 언어 습관은 세대 사이의 소통을 방해하고 국어의 본모습을 훼손한다. 우리의 소중한 국어를 지키기 위해서는 지금까지 가벼운 장난쯤으로 여겨 온 무분별한 은어와 줄임말의 사용을 자제해야 한다.

3 둘째, 불필요한 외국어 남용의 문제이다. 텔레비전 뉴스나 신문의 보도에서 자주 쓰는 '글로벌', '팬데믹', '페스티벌'은 '세계적인', '대유행', '축제'의 영어 표현이며, '당월', '내주', '동절기'는 '이번 달', '다음 주', '겨울철'의 한자어 표현이다. 표준어를 사용해야 하는 텔레비전 뉴스나 신문에서조차 이러한 외국어를 일상적으로 사용하고 있다는 사실은 우리의 삶 속에서 외국어의 사용이 거부감 없이 자리 잡고 있음을 보여 준다. 국어를 바르게 사용하면 상대방이 그 뜻을 이해하기 쉽고, 서로 더욱 원활하게 소통할 수 있다. 그런데도 국어를 굳이 이해하기 어려운 외국어로 바꾸어 사용할 이유는 없을 것이다. 이제부터라도 외국어 남용의 문제를 깨닫고 올바른 국어로 순화하여 사용해야 한다.

4 셋째, 잘못된 높임 표현의 문제이다. 일상생활 속에서 "여기 거스름돈 있으세요.", "주문하신 음료 나오셨습니다."와 같이 종종 어색한 높임말을 듣는 경우가 있다. 이는 상대방을 존중하고자 하는 친절한 마음에서 비롯된 것이겠지만 분명히 잘못된 표현이다. 국어의 문법에서 높임의 대상은 말하는 사람보다 윗사람이어야 하는데, '거스름돈'이나 '커피'는 사람이 아니므로 높임의 대상이 될 수 없다. 그러나 높임의 대상이 사람이 아니어도 높임 표현을 쓸 수 있는 경우가 있다. 윗사람과 관련된 사물을 나타내는 말일 경우에는 높임의 대

상이 될 수 있다. “우리 아버지는 마음이 참 넓으시다.” 또는 “선생님의 넥타이가 멋지시다.”에서 높임의 대상은 사물인 ‘마음’과 ‘넥타이’이지만, 이를 통해 간접적으로 ‘아버지’와 ‘선생님’을 높이게 되는 것이다. 국어를 바르게 사용하기 위해서는 이처럼 복잡한 체계를 가진 높임 표현을 바르게 이해하려고 노력해야 한다.

5 무분별한 은어와 줄임말의 사용, 불필요한 외국어의 남용, 잘못된 높임 표현의 문제로 우리의 국어가 병들어 가고 있다. 이를 해결하기 위하여 무분별한 은어와 줄임말의 사용을 자제하고, 불필요한 외국어는 올바른 국어로 순화하여 사용하며, 복잡한 체계를 가진 높임 표현을 바르게 이해하려는 노력이 필요하다. 올바른 국어 사용으로 자랑스러운 우리의 언어문화를 지키고 발전시키자.

- **자국어**: 자기 나라의 말
- **실정**: 실제의 사정이나 정세
- **은어**: 어떤 계층이나 부류의 사람들이 다른 사람들이 알아듣지 못하도록 자기네 구성원들끼리만 빈번하게 사용하는 말
- **남용**: 일정한 기준이나 한도를 넘어서 함부로 씀

글 내용 한눈에 보기

글을 이해해요

내용 추론

01 이 글을 읽고 난 반응으로 적절하지 않은 사람은 누구일까요? [ ]

① 지수 높임 표현처럼 어려운 국어 문법은 쉽게 고쳐서 사용해야겠어.

② 승호 자랑스럽고 소중한 국어를 올바르게 사용하기 위해 노력해야겠어.

③ 정민 아무 생각 없이 은어와 줄임말을 사용했던 지난날을 반성하게 되었어.

④ 혜미 국어를 바르게 사용한다면 사람들 사이의 의사소통이 더 원활해질 거야.

⑤ 영진 앞으로는 불필요하게 사용하던 외국어를 국어로 바꾸어서 사용해야겠어.

내용 추론

02 다음 그림을 보고 지적할 수 있는 국어 사용의 문제는 무엇일까요? [ ]

엘레강스 부티크

유니크 펫숍

한마음 플라워

① 순화한 국어의 사용
② 무분별한 은어의 사용
③ 부적절한 줄임말의 사용
④ 불필요한 외국어의 남용
⑤ 잘못된 높임 표현의 사용

내용 이해

03 다음 문장의 밑줄 친 부분을 바르게 고쳐서 올바른 문장을 완성해 보세요.

1 오늘 내가 지각한 썰 좀 들어 봐. →

2 내주부터 학교에서 페스티벌이 열린다. →

3 여기 거스름돈 있으세요. →

중심 내용 쓰기

04 이 글의 중심 내용을 한 문장으로 완성해 보세요.

무분별한 은어와 줄임말의 사용, ________________ 의 문제로 훼손되고 있는 우리의 국어를 올바르게 사용하여 ________________ ________________ 를 지키고 발전시키자.

어휘를 익혀요

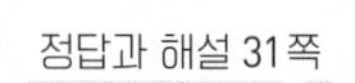
정답과 해설 31쪽

01 다음 낱말의 뜻을 찾아 바르게 연결해 보세요.

① 남용 •		• ㉠ 실제의 사정이나 정세
② 실정 •		• ㉡ 일정한 기준이나 한도를 넘어서 함부로 씀
③ 체계 •		• ㉢ 일정한 원리에 따라서 낱낱의 부분이 짜임새 있게 조직되어 통일된 전체

02 제시된 뜻과 예문을 참고하여 다음 초성에 해당하는 낱말을 빈칸에 쓰세요.

① ㅈ ㄱ 하다: 양이나 수치가 늘다.

예 무더위가 계속되면서 각 가정의 전기 소비량이 (　　　　　)하고 있다.

② ㅅ ㅎ 하다: 잡스러운 것을 걸러서 순수하게 하다.

예 '스타일리스트'라는 말을 (　　　　　)한 '맵시가꿈이'라는 말을 사용해야겠다.

③ ㅇ ㅇ : 어떤 계층이나 부류의 사람들이 다른 사람들이 알아듣지 못하도록 자기네 구성원들끼리만 빈번하게 사용하는 말

예 청소년들의 (　　　　　)를 다른 세대가 이해하지 못하는 경우가 많다.

03 다음 문장에 들어갈 알맞은 낱말을 보기에서 찾아 쓰세요.

보기

근무하다　　자제하다　　존중하다　　훼손하다

① 아버지께서는 올해로 십 년째 같은 회사에서 □□하고 계시다.

② 우리나라는 일제 강점기에 일본이 □□한 우리 문화재를 복원하기 위해 적극적으로 노력하고 있다.

14 창경궁과 만나다

1 창경궁은 서울특별시 종로구 와룡동에 있는 조선 시대의 궁궐로, 서울의 대표적인 문화유산이다. 창경궁의 처음 이름은 '수강궁'이었는데, '수강(壽康)'은 오래오래 건강하게 살라는 뜻이다. 이런 이름을 붙인 이유는 세종 대왕에게 왕위를 물려준 태종을 위해 지은 궁궐이기 때문이다. 성종 때에 이르러 궁궐을 중건하면서 창성하고 경사스럽다는 뜻의 '창경(昌慶)'으로 이름을 바꾸었다. 지금의 건물은 임진왜란 때 불에 탄 것을 광해군 때 중건한 것으로, 이후에도 난리나 화재 등으로 인해 소실되고 중건하기를 반복하였다. 일제 강점기에는 일제가 창경궁을 허물고 동물원과 식물원을 만들면서 '창경원'이 되었고, 1983년에 이르러서야 원래 이름인 '창경궁'을 되찾고 복원되었다. 창경궁에는 우리나라의 국보인 명정전이 있고, 보물인 홍화문과 옥천교, 통명전과 같은 문화재들이 있다. 그럼 이제부터 창경궁의 정문인 홍화문부터 살펴보자.

2 홍화문은 창경궁의 정문으로, 보물로 지정되어 있다. 지붕의 형태는 우진각 지붕으로 되어 있다. 다른 궁궐들의 정문은 남쪽을 향해 있는데, 이 홍화문은 동쪽을 향해 있는 것이 특징이다. 임진왜란 때 불탔다가 광해군 때 다시 세워졌다. 앞면 3칸, 옆면 2칸의 2층 건물로, 문 왼쪽인 서북쪽 모서리에 계단이 있어서 위층으로 오르내릴 수 있다.

홍화문

3 옥천교는 홍화문과 명정전 사이에 있는 무지개 모양의 돌다리로, 보물로 지정되어 있다. 궁궐의 대문에서 정전으로 들어갈 때는 반드시 이 사이를 흐르고 있는 금천을 건너야 하는데, 서울의 궁궐 중에서 금천에 물이 흐르는 곳은 옥천교뿐이라고 한다. 길이 9.9미터, 너비 6.6m의 다리로, 성종 14년에 지어졌다.

옥천교

4 명정전은 창경궁의 정전으로서 국보로 지정되어 있다. 임금이 나랏일을 돌보던 가장 중심이 되는 궁전이다. 창덕궁 돈화문과 더불어 조선 시대에 나무로 만들어진 건물 가운데 가장 오래되었다. 명정전은 신하

명정전

들이 임금에게 나랏일에 대해 보고하는 곳이었다. 신하들이 임금에게 새해 인사를 드릴 때 나 큰 행사를 치를 때도 이용되었다.

5 통명전은 왕비가 잠을 자는 건물로, 보물로 지정되어 있다. 건물 옆에는 연못이 있으며, 명정전과 비교해 보면 지붕에 용마루가 없는 것이 특징이다. 숙종 때 희빈 장씨가 인현왕후를 저주하다가 사약을 받은 사건이 이곳에서 있었다. 현재의 건물은 순조 34년(1834)에 다시 지은 것으로, '통명전'이라는 현판은 순조의 글씨이다.

통명전

- **중건하면서**: 절이나 왕궁 따위를 보수하거나 고쳐 지으면서
- **창성하고**: 기세가 크게 일어나 잘 뻗어 나가고
- **소실되고**: 불에 타서 사라지고
- **우진각 지붕**: 네 개의 추녀마루가 동마루(기와로 쌓아 올린 용마루)에 몰려 붙은 지붕
- **현판**: 글자나 그림을 새겨 문 위나 벽에 다는 널조각. 흔히 절이나 누각, 사당, 정자 따위의 문 위, 처마 아래에 걸어 놓음

글 내용 한눈에 보기

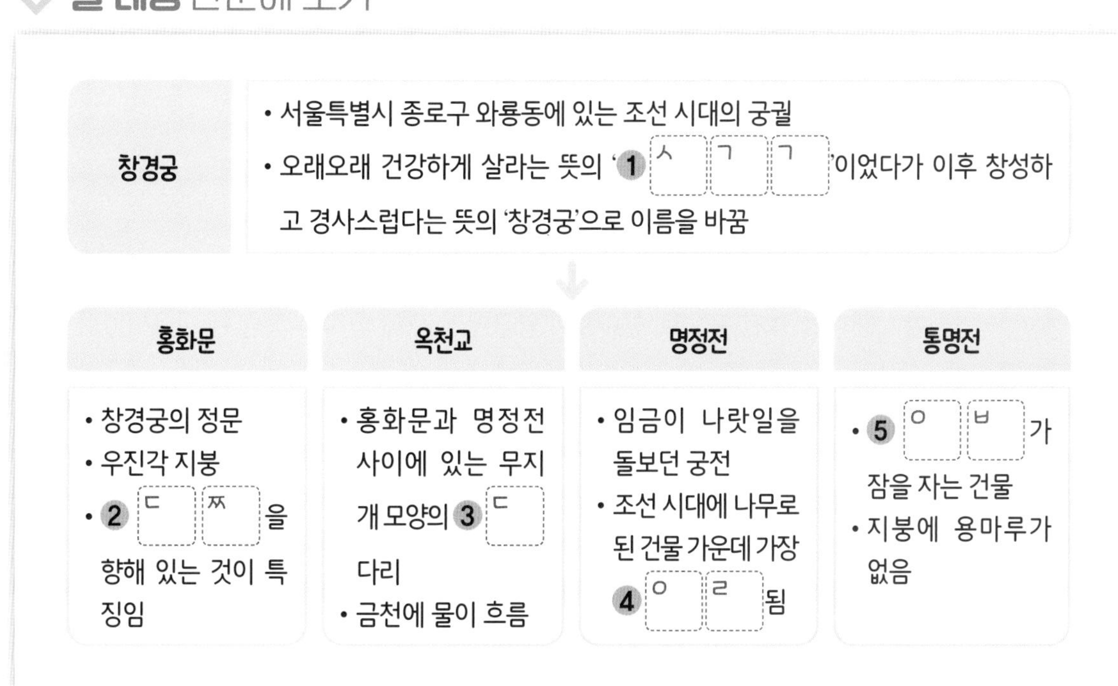

글을 이해해요

내용 이해

01 이 글에 대한 설명이 맞으면 ○, 틀리면 ✕ 표시를 하세요.

1 창경궁의 처음 이름은 창성하고 경사스럽다는 뜻의 '수강궁'이었다. [○ / ✕]

2 통명전에서는 숙종 때 희빈 장씨가 인현왕후를 저주하다가 사약을 받은 사건이 있었다. [○ / ✕]

내용 추론

02 창경궁에 대한 설명으로 알맞지 않은 것은 무엇일까요? [ ]

① 수강궁은 창경궁의 처음 이름이다.
② 창경궁은 태종을 위해 지은 궁궐이다.
③ 창경궁에는 불탔다가 다시 세워진 건물도 있다.
④ 왕비의 침실이 있는 건물에는 용마루를 두었다.
⑤ 일제 강점기에 창경궁은 동물원과 식물원이 되었다.

내용 추론

03 홍화문에 대한 설명으로 알맞은 것은 무엇일까요? [ ]

① 창경궁의 정문으로, 국보로 지정되어 있다.
② 옥천교와 명정전 사이에 있으며, 바닥으로는 금천이 흐른다.
③ 다른 궁궐들과 마찬가지로 동쪽을 향해 있는 것이 특징이다.
④ 왕비가 잠을 자던 침실로, 건물 옆에는 연못이 조성되어 있다.
⑤ 네 개의 추녀마루가 동마루에 몰려 붙어 있는 지붕의 형태를 하고 있다.

내용 이해

04 보기의 설명에 해당하는 창경궁의 건물 이름을 쓰세요. [ ]

보기
- 조선 시대에 세워진 나무로 된 건물 중에서 가장 오래되었다.
- 임금이 나랏일을 보던 곳으로, 신하들이 임금에게 새해 인사를 드릴 때 이용되었다.

중심 내용 쓰기

05 이 글의 중심 내용을 한 문장으로 완성해 보세요.

창경궁은 조선 시대의 궁궐로, 정문인 홍화문과 ______________________
______________________과 같은 문화재들이 있다.

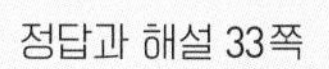

01 다음 낱말의 뜻을 찾아 바르게 연결해 보세요.

1 소실되다 •　　• ㄱ 불에 타서 사라지다.

2 중건하다 •　　• ㄴ 기세가 크게 일어나 잘 뻗어 나가다.

3 창성하다 •　　• ㄷ 절이나 왕궁 따위를 보수하거나 고쳐 짓다.

02 제시된 뜻과 예문을 참고하여 다음 초성에 해당하는 낱말을 빈칸에 쓰세요.

1 [ㄱ][ㅂ]: 나라에서 지정하여 법률로 보호하는 문화재

예 남대문은 우리나라의 (　　　　　)이다.

2 [ㅎ][ㅍ]: 글자나 그림을 새겨 문 위나 벽에 다는 널조각

예 그는 자신의 한옥에 붓글씨로 쓴 (　　　　　)을 달았다.

3 [ㅈ][ㅈ]되다: 관공서, 학교, 회사, 개인 등으로부터 어떤 것에 특정한 자격이 주어지다.

예 추석 전날은 공휴일로 (　　　　　)되어 있다.

03 다음 문장에 들어갈 알맞은 낱말을 보기에서 찾아 쓰세요.

보기

정전　　형태　　복원되다　　이용되다

1 그 그림은 색이 너무 변해 버려서 [　][　]되기가 힘들다고 했다.

2 우리나라에는 고인돌, 널무덤, 돌방무덤 등 여러 [　][　]의 무덤이 전국에 퍼져 있다.

《 공부한 날짜 월 일 》

15 대동여지도 속 우리나라

1 요즘 우리는 먹을 것을 사러 마트나 시장에 가지만, 아주 먼 옛날 선사 시대 사람들은 먹을 것을 찾기 위해 이곳저곳을 돌아다녀야만 했다. 그들은 돌아다니다 길을 잃지 않기 위해 나무에 선을 그어 둔다거나, 다니는 곳마다 돌멩이를 놓아둔다거나 하는 방법으로 흔적을 남겨 놓고는 했다. 하지만 그런 흔적들은 비가 오고 바람이 불면 사라지기 일쑤였다. 사람들은 이번에는 주변의 모습을 나무토막이나 벽 등에 그림으로 남기기 시작했다. 이것이 지도의 시작이다.

2 우리나라에서는 옛날부터 지도를 만들어 사용해 왔다. 그중 가장 널리 알려진 것이 조선 시대의 지리학자인 김정호가 만든 '대동여지도'이다. 김정호는 지금까지 나온 모든 지리책과 지도를 연구하여 그 장점을 모았다. 그렇게 만든 대동여지도는 한 장짜리 지도가 아니다. 김정호는 우리나라 전체 지도를 약 60여 개의 나무판(목판)에 직접 새겼고, 이를 22권의 책에 나누어 찍어 냈다. 이것들을 모두 펼쳐 이어 붙이면 전국 지도가 되는데, 그 크기가 매우 커서 가로의 길이가 약 4m, 세로의 길이는 약 6.6m나 된다.

3 대동여지도는 매우 정확하고 과학적이다. 인공위성도 없던 160여 년 전에 만든 오래된 지도이지만 우리나라의 실제 모습과 매우 비슷하다. 대동여지도에는 전국의 산줄기와 물줄기는 물론 도로와 행정 구역의 경계, 해안선에 있는 작은 섬까지도 모두 나타나 있는데, 일부는 직접 가 보지 않고는 알 수 없을 정도로 상세하다. 또한 목판으로 만들어 계속 인쇄하는 것이 가능했고 22권의 책을 병풍처럼 접었다 펼 수 있어서 지도를 가지고 다니며 볼 수 있다는 점에서 매우 뛰어나다.

22권의 책으로 만든 인쇄본

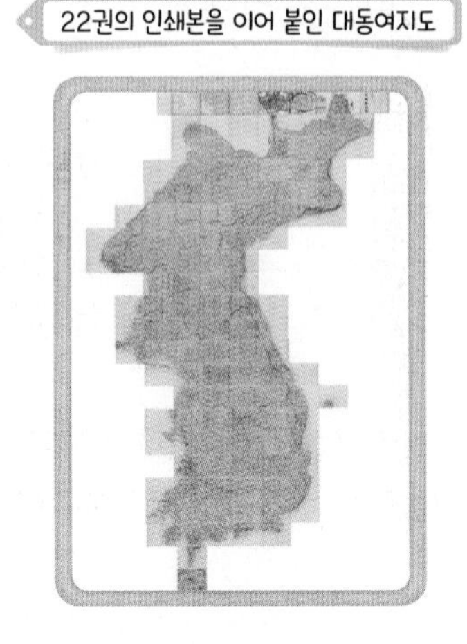

22권의 인쇄본을 이어 붙인 대동여지도

4 대동여지도를 살펴보면 큰 산줄기는 굵게 표현하고, 큰 산은 크게 표현하는 등 땅의 생긴 모양이나 특징이 잘 나타나 있다. 강의 경우에도 그 크기에 따라 강줄기의 두께를 달리 표현했다. 또한 강과 도로가 쉽게 구별되도록 강줄기는 구불구불한 선으로, 도로는 쭉 뻗은 직선으로 나타냈다. 길에는 일정한 거리마다 점을 찍어서 거리도 알 수 있도록 했고, 큰 고을과 역 등을 기호로 나타내 길을 쉽게 찾을 수 있도록 만들었다.

5 이처럼 대동여지도에는 당대의 지리적, 행정적으로 중요한 정보가 담겨 있을 뿐만 아니라, 사람들이 실제로 지도를 쉽고 편리하게 사용할 수 있도록 한 노력이 담겨 있다.

- **선사 시대:** 문헌 사료가 전혀 존재하지 않는 시대. 석기 시대와 청동기 시대를 이름
- **당대:** 일이 있는 바로 그 시대

글 내용 한눈에 보기

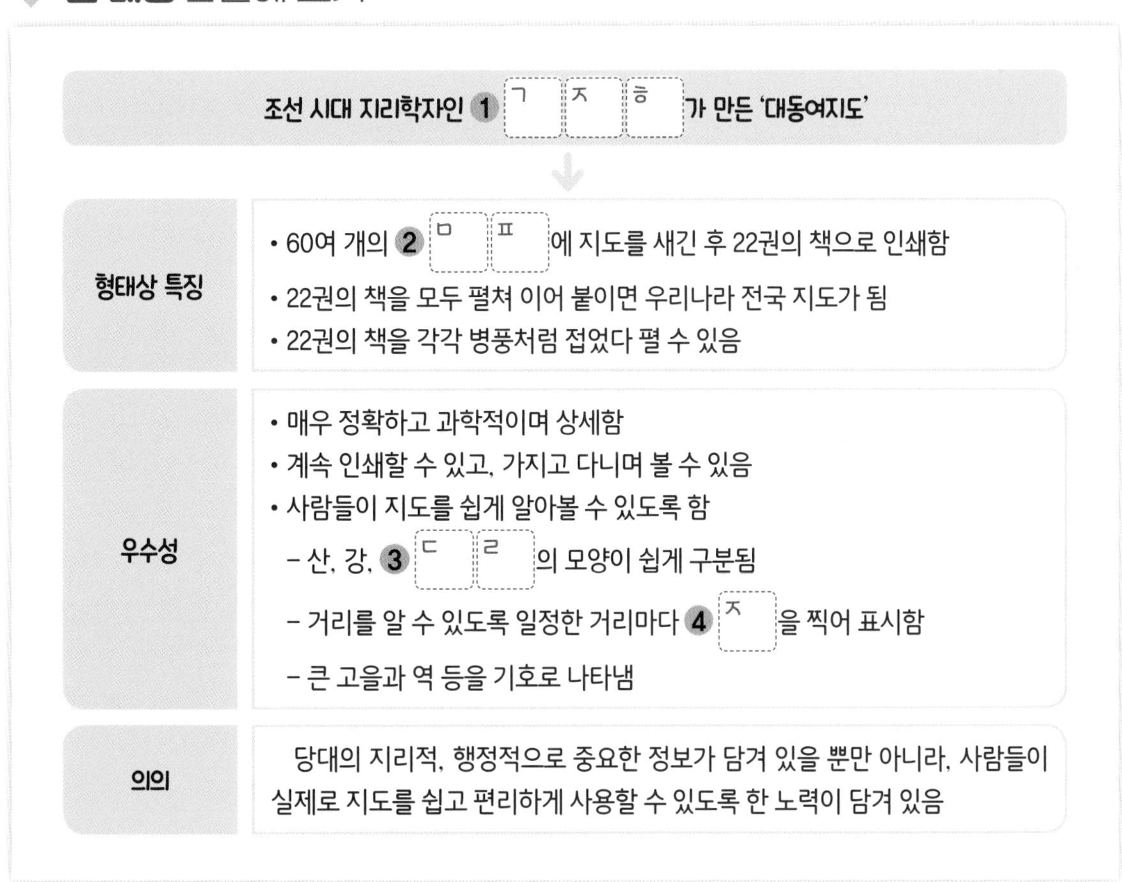

글을 이해해요

내용 추론

이 글에 대한 설명으로 알맞은 것을 골라 보세요.

1 대동여지도에서 큰 강은 [**곧은** / **구불구불한**] 선으로 [**얇게** / **두껍게**] 그렸다.

2 대동여지도에서 작은 산은 [**작게** / **크게**] 그리고, 작은 산줄기는 [**굵게** / **가늘게**] 그렸다.

내용 이해

02 **선사 시대의 사람들이 지도를 만들게 된 이유는 무엇인가요?** 

① 자신이 가진 땅을 표시하려고
② 주변 사람들에 대한 기록을 남기려고
③ 다른 사람이 먹을 것을 찾지 못하게 하려고
④ 먹을 것을 사러 시장에 가는 길을 표시하려고
⑤ 먹을 것을 찾으러 돌아다니다가 길을 잃지 않으려고

내용 이해

대동여지도에 대한 설명으로 알맞지 않은 것은 무엇인가요? 

① 한 장의 큰 지도이다.
② 160여 년 전에 만들어졌다.
③ 우리나라의 실제 모습과 비슷하다.
④ 도로, 산, 강, 섬, 행정 구역의 경계 등이 나타나 있다.
⑤ 접었다 폈다 할 수 있어서 편하게 가지고 다닐 수 있다.

내용 추론

대동여지도를 만들 때 김정호가 했을 만한 생각으로 알맞지 않은 것은 무엇일까요? [ ]

① 땅의 생긴 모양이나 특징을 표현해야지.
② 모든 고을의 이름이 다 나오도록 적어야지.
③ 거리를 알 수 있도록 일정한 거리마다 표시를 해야지.
④ 강과 도로를 구분할 수 있도록 모양을 다르게 해야지.
⑤ 기존의 지리책이나 지도에서 좋은 점만을 모아 담아야지.

중심 내용 쓰기

05 **이 글의 중심 내용을 한 문장으로 완성해 보세요.**

대동여지도에는 당대의 지리적, 행정적으로 중요한 정보가 담겨 있을 뿐만 아니라, ______________________________ 노력이 담겨 있다.

01 다음 낱말의 뜻을 찾아 바르게 연결해 보세요.

1 경계	ㄱ 흔히 또는 으레 그러는 일
2 일쑤	ㄴ 사물이 어떠한 기준에 의하여 분간되는 한계
3 지도	ㄷ 지구 표면의 상태를 일정한 비율로 줄여, 이를 약속된 기호로 평면에 나타낸 그림

02 제시된 뜻과 예문을 참고하여 다음 초성에 해당하는 낱말을 빈칸에 쓰세요.

1 [ㄷ][ㄲ]: 두꺼운 정도

예 형이 서점에서 고른 책은 (　　　　　)가 매우 얇았다.

2 [ㅎ][ㅇ][ㅅ]: 바다와 육지가 맞닿은 선

예 이 지역은 (　　　　　)이 복잡하기로 유명하다.

3 [ㅈ][ㅂ]: 관찰이나 측정을 통하여 수집한 자료를 실제 문제에 도움이 될 수 있도록 정리한 지식. 또는 그 자료

예 우리는 홈페이지에 있는 여행 관광 (　　　　　)를 살피며 여행 계획을 세웠다.

03 다음 문장에 들어갈 알맞은 낱말을 보기에서 찾아 쓰세요.

보기

기호　　당대　　행정　　흔적

1 친구의 얼굴에는 눈물을 흘린 [　][　]이 남아 있었다.

2 그녀는 시인으로서 [　][　] 최고라는 평가를 받아 왔다.

16 다양한 대체 에너지

1 석탄과 석유 같은 화석 연료는 우리의 생활에서 뗄 수 없는 중요한 자원이다. 그러나 화석 연료는 지구에 묻혀 있는 양이 한정되어 있고, 그 양은 점차 줄어들고 있다. 심지어 우리나라는 석유가 한 방울도 나지 않기 때문에 모두 다른 나라에서 사 와야 한다. 그뿐만 아니라 화석 연료는 심각한 환경 오염 문제를 일으킨다. 이러한 문제들을 해결하기 위해서는 화석 연료를 대신할 대체 에너지가 필요하다. 여기서는 그러한 대체 에너지 중 원자력 발전, 태양광 발전, 풍력 발전, 수력 발전, 조력 발전에 대해 살펴보도록 하자.

2 현재 화석 연료 다음으로 많이 사용하는 에너지는 원자력이다. 원자력 발전은 핵분열을 이용하여 아주 많은 열을 만들어 내고, 그 열을 이용하여 전기를 만드는 방식이다. 원자력 에너지의 원료가 되는 우라늄은 석탄이나 석유보다 싸고, 전기를 만들 때 매연이나 이산화 탄소를 거의 배출하지 않는다는 장점이 있다. 그러나 사람의 건강을 심각하게 해칠 수 있는 방사선 노출이나 핵폐기물 관리 등과 같은 심각한 문제도 있다.

3 태양광 발전은 태양의 빛에너지를 모아서 이것을 전기로 바꾸는 방식이다. 태양광은 고갈될 염려가 없고, 환경 오염 물질을 배출하지 않는 청정에너지이다. 하지만 태양 에너지를 모으는 장비를 설치하는 데 많은 공간이 필요하고, 설치 장비의 가격이 비싸다. 또한 햇빛이 없는 날과 밤에는 태양 에너지를 모을 수 없어 이에 대한 해결책이 필요하다.

4 풍력 발전은 바람을 이용하여 전기를 만드는 방식이다. 비교적 적은 비용으로 풍차를 만들 수 있고, 바람으로 풍차를 돌려 깨끗한 에너지를 무한에 가깝게 만들 수 있다. 낙도 등의 낙후 지역에 경제성 있는 전력 보급이 가능하며, 대규모 풍력 발전 단지를 조성해 이를 관광 자원으로 활용할 수도 있다. 그러나 풍차를 설치할 장소를 찾기 어렵고, 바람이 적

▲ 원자력 발전

▲ 태양광 발전

▲ 풍력 발전

은 날에는 발전이 힘들다. 또한 바람으로 얻은 에너지를 모아 둘 장치도 필요하다.

5 수력 발전은 흐르는 물의 운동 에너지를 이용하여 전기를 만드는 방식이다. 전기를 만드는 데 드는 시간이 짧아 급한 상황에서 대비 전력으로 사용하기에 좋으며, 공해 물질도 나오지 않는다. 하지만 댐 건설 비용이 많이 들며 댐을 만들 때 자연을 파괴할 수 있다.

6 조력 발전은 밀물과 썰물 때 해수면 높이의 차이를 이용하여 전기를 얻는 방식이다. 공해와 고갈 걱정이 없고 에너지를 만드는 비용이 적게 든다. 하지만 밀물과 썰물 때 평균 해수면 높이의 차이가 3m 이상이어야 하므로 발전소를 건설할 수 있는 지역이 적고, 갯벌을 파괴하여 생태계를 무너뜨린다는 문제점이 있다.

- **낙도**: 육지에서 멀리 떨어진 외딴섬
- **낙후**: 기술이나 문화, 생활 따위의 수준이 일정한 기준에 미치지 못하고 뒤떨어짐

글 내용 한눈에 보기

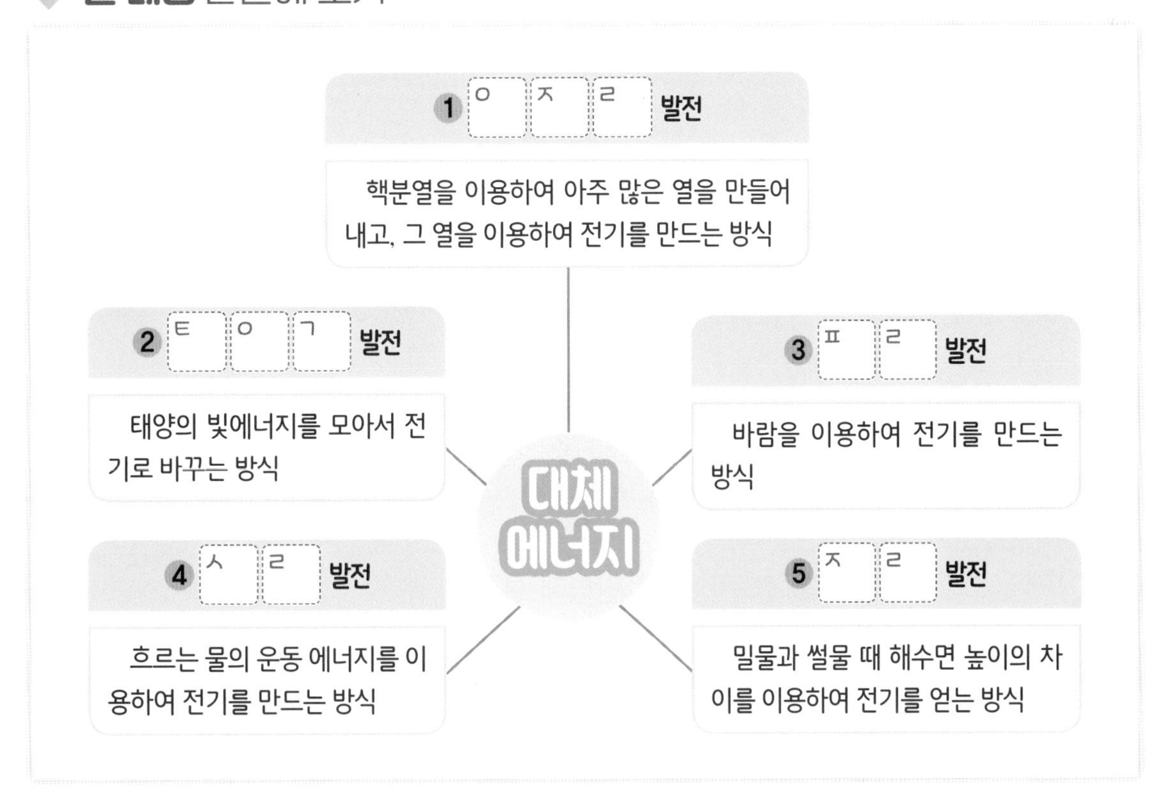

글을 이해해요

내용 이해

01 이 글에 대한 설명으로 알맞은 것을 골라 보세요.

1 낙후 지역에도 경제성 있는 전력 보급이 가능한 것은 [수력 / 풍력] 발전이다.

2 [원자력 / 태양광] 발전은 핵분열을 이용하여 전기를 만드는데, 전기를 만들 때 매연이나 이산화 탄소를 거의 배출하지 않는다.

내용 추론

02 이 글에서 전달하고 있는 정보가 아닌 것은 무엇일까요? [ ]

① 대체 에너지가 필요한 이유
② 다양한 대체 에너지의 종류
③ 자연에서 대체 에너지를 얻는 방식
④ 우리나라의 대체 에너지 사용 실태
⑤ 대체 에너지를 사용할 때 해결해야 할 점

내용 이해

03 각 대체 에너지의 장점으로 알맞은 것은 무엇인가요? [ ]

① 수력 발전은 자연을 파괴할 염려가 없다.
② 풍력 발전은 에너지를 무한에 가깝게 만들 수 있다.
③ 원자력 발전은 전기를 만들 때 안전한 물질만 나온다.
④ 태양광 발전은 적은 비용으로 장비를 설치할 수 있다.
⑤ 조력 발전에 필요한 발전소는 어떤 곳이든 건설할 수 있다.

내용 이해

04 화석 연료의 문제점으로 알맞지 않은 것은 무엇인가요? [ ]

① 환경 오염 문제를 일으킨다.
② 기술적으로 완성 단계가 아니다.
③ 연료의 양이 점차 줄어들고 있다.
④ 지구에 묻혀 있는 양이 한정되어 있다.
⑤ 우리나라의 경우, 석유와 같은 연료는 모두 수입해야 한다.

중심 내용 쓰기

05 이 글의 중심 내용을 한 문장으로 완성해 보세요.

화석 연료의 문제점을 해결하기 위해서는 화석 연료를 대신할 ____________________ 등의 대체 에너지가 필요하다.

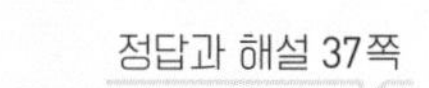

01 다음 낱말의 뜻을 찾아 바르게 연결해 보세요.

1 대체	ㄱ 바닷물의 표면
2 무한	ㄴ 다른 것으로 대신함
3 해수면	ㄷ 수, 양, 공간, 시간 따위에 제한이나 한계가 없음

02 제시된 뜻과 예문을 참고하여 다음 초성에 해당하는 낱말을 빈칸에 쓰세요.

1 [ㄴ][ㄷ] : 육지에서 멀리 떨어진 외딴섬

예 친구는 이곳으로 오기 전에 (   )에 살았다고 했다.

2 [ㅂ][ㄱ] : 물자나 자금 따위를 계속해서 대어 줌

예 이번 홍수로 피해를 입은 사람들에게 생필품 (   )이 시급하다.

3 [ㅅ][ㅌ][ㄱ] : 어느 환경 속에서 살아가는 생물들이 서로 관계를 맺으며 균형과 조화를 이루는 자연의 세계

예 인간들의 무분별한 자연 훼손으로 (   )는 점점 파괴되어 가고 있다.

03 다음 문장에 들어갈 알맞은 낱말을 보기에서 찾아 쓰세요.

보기

고갈   공해   낙후   대비

1 형은 곧 있을 중간고사 [ ][ ]에 열심이었다.

2 오랜 가뭄으로 인한 하천의 [ ][ ]로, 주변 농가가 피해를 입고 있다.

17 태양계로 떠나자

1 '태양계'는 태양의 영향이 미치는 공간과 그 안에 있는 행성들을 의미한다. 태양은 태양계의 중심에 위치하며, 태양계의 행성들은 자전하며 태양 주위를 돈다. 태양은 태양계에서 유일하게 스스로 빛과 열을 내는 별로, 지구의 모든 생물은 태양의 빛과 열을 이용해 살아가고 있다. 그리고 이 태양의 주위로 수성, 금성, 지구, 화성, 목성, 토성, 천왕성, 해왕성 등 8개의 행성이 돌고 있다. 지금부터 이 8개의 행성에 대해 살펴보도록 하자.

2 수성은 태양에서 가장 가까이 있는 행성이다. 태양계 행성 중에서 가장 작고, 주위를 도는 위성이 없다. 표면이 암석으로 이루어져 있으며, 운석 충돌로 생긴 흔적이 있어서 겉모습은 달과 비슷하다. 대기가 없어서 온도 변화가 심해 낮에는 400℃까지 올라갔다가 밤에는 영하 200℃까지 내려간다.

3 금성은 평균 기온이 450℃로 매우 뜨겁고, 지구의 위성인 달에 이어 행성으로는 첫 번째로 밝다. 표면이 암석으로 이루어져 있으며, 태양계 행성 중에서 지구와 크기가 가장 비슷하다. 이산화 탄소로 이루어진 두꺼운 대기가 있다. 수성과 마찬가지로 위성이 없다.

4 지구는 우리가 살고 있는 행성이다. 태양으로부터 적절한 거리에 있어 온도가 적당하고, 대기가 있어서 생명체가 살기 좋은 환경을 갖추고 있다. 표면의 30퍼센트는 육지이며, 70퍼센트는 바다로 이루어져 있어 물도 풍부하다. 위성인 달이 지구 주변을 공전하고 있다.

5 화성은 적갈색의 돌과 모래로 덮인 행성이다. 지금은 물이 모두 사라졌거나 얼음이 되어 버렸지만, 한때는 물이 있었다. 하루의 길이와 계절의 변화가 지구와 비슷하고 지구처럼 바람도 분다. 수성처럼 우주에 떠도는 물질인 운석이 충돌한 흔적이 있으며, 거대한 화산도 많은데 그중에 에베레스트산보다 훨씬 높은 화산도 있다.

6 목성은 태양계 행성 중에서 크기가 가장 크고 무겁다. 지구 크기의 1,300배나 된다. 79개에 이르는 많은 위성을 거느리고 있다. 주로 수소와 헬륨 같은 가벼운 기체로 구성되어 있으며, 희미한 고리도 있다. 표면에 희거나 적갈색의 줄무늬가 있다.

7 토성은 얼음 조각과 먼지로 이루어진 멋진 고리가 있다. 고리는 하나처럼 보이지만 사실은 아주 많은 고리들이 서로 다른 속도로 토성의 둘레를 돌고 있다. 표면이 기체로 되어 있으며, 목성에 이어 태양계에서 두 번째로 크다. 아주 가벼워서 토성이 들어갈 수 있는 엄청나게 큰 바다가 있다면 그 바다 위에 뜰 정도이다.

8 천왕성은 암모니아, 메탄 등의 기체가 얼어붙어 있는 거대한 행성이다. 지구의 4배 정도 크기로, 태양계 행성 중에서 세 번째로 크다. 망원경으로 발견한 최초의 행성이다. 전체적으로 청록색이며, 고리가 있지만 희미해서 잘 보이지 않는다. 다른 행성과 달리 거의 누워서 자전하며 태양 주변을 돈다.

9 해왕성은 태양에서 가장 멀리 떨어져 있는 행성으로, 푸른빛을 띤다. 태양의 빛을 적게 받기 때문에 온도가 낮고, 대부분의 기체가 얼어붙어 있다. 유일하게 수학적 계산으로 발견됐다. 대기는 천왕성과 비슷하게 수소, 헬륨, 메탄 등으로 이루어져 있으며, 대기가 활발하게 움직여 거대한 회오리바람이 분다.

◆ **자전하며**: 천체가 스스로 고정된 축을 중심으로 회전하며
◆ **공전하고**: 한 천체가 다른 천체의 둘레를 주기적으로 돌고

글 내용 한눈에 보기

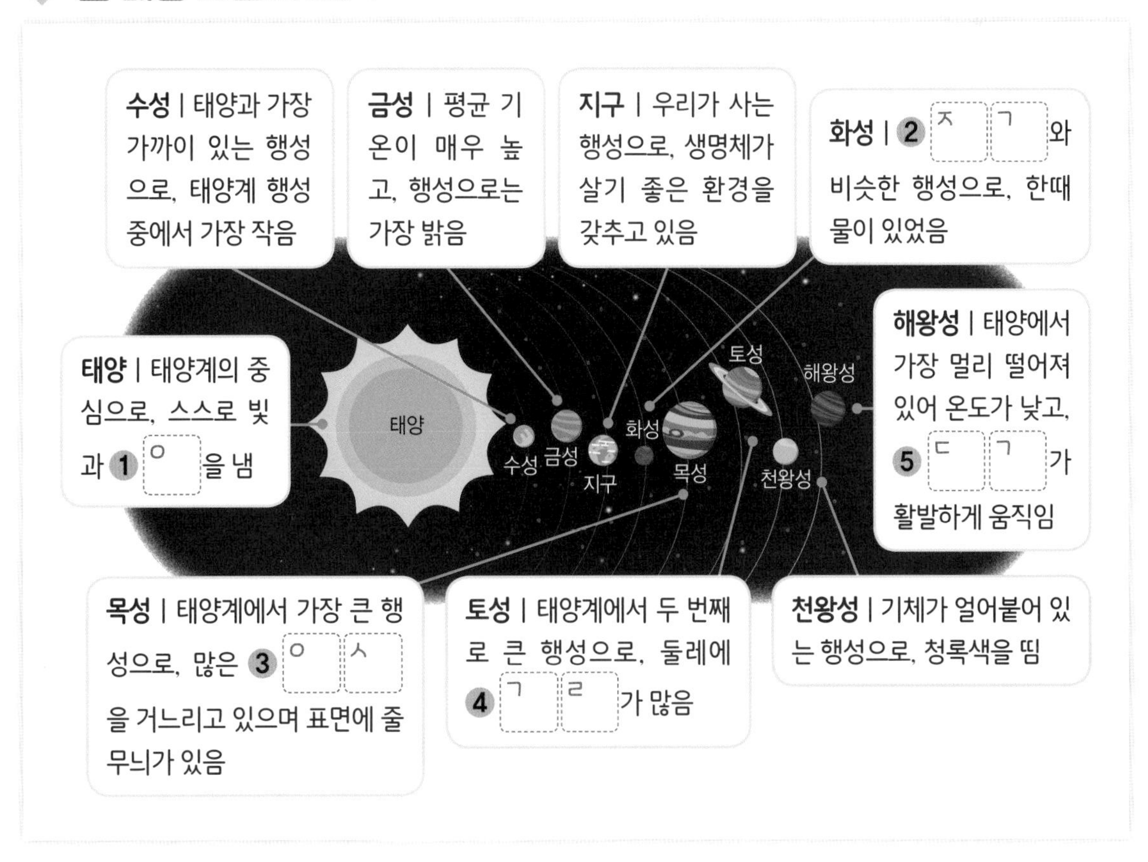

글을 이해해요

내용 이해

01 이 글에 대한 설명으로 알맞은 것을 골라 보세요.

1 [금성 / 화성]은 지구와 크기가 가장 비슷하며, 이산화 탄소로 이루어진 두꺼운 대기가 있다.

2 태양계에서 목성에 이어 두 번째로 크며, 얼음 조각과 먼지로 이루어진 많은 고리가 있는 행성은 [수성 / 토성]이다.

내용 이해

02 태양계의 행성에 대한 설명으로 알맞지 않은 것은 무엇인가요?

[ ]

① **수성** 태양계 행성 중에서 가장 작고, 대기가 없다.
② **해왕성** 망원경으로 발견되었으며, 온도가 매우 낮다.
③ **목성** 주위를 도는 위성이 많고, 표면에 줄무늬가 있다.
④ **금성** 지구의 위성인 달에 이어 행성으로는 첫 번째로 밝다.
⑤ **천왕성** 얼어붙은 기체로 이루어져 있고, 누운 형태로 자전한다.

내용 이해

03 보기의 밑줄 친 별의 이름을 이 글에서 찾아 쓰세요.

[ ]

보기

태양계의 모든 행성이 이 별을 중심으로 돌고 있다. 이 별은 태양계에서 스스로 빛과 열을 내는 유일한 별이다.

내용 추론

04 지구에 대한 설명으로 알맞은 것은 무엇일까요? [ ]

① 위성이 없어 외로운 행성이다.
② 태양계에서 가장 뜨거운 행성이다.
③ 망원경으로 발견한 행운의 행성이다.
④ 생명체가 살고 있는 생명의 행성이다.
⑤ 태양에서 가장 멀리 떨어져 있는 행성이다.

중심 내용 쓰기

05 이 글의 중심 내용을 한 문장으로 완성해 보세요.

태양은 태양계의 중심에 위치하며, 태양계의 행성들인 ____________________ 은 자전하며 태양 주위를 돈다.

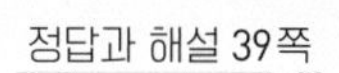
정답과 해설 39쪽

01 다음 낱말의 뜻을 찾아 바르게 연결해 보세요.

1 대기 •　　• ㄱ 사물의 가장 바깥쪽

2 위성 •　　• ㄴ 천체의 표면을 둘러싸고 있는 기체

3 표면 •　　• ㄷ 행성의 인력에 의하여 그 둘레를 도는 천체

02 제시된 뜻과 예문을 참고하여 다음 초성에 해당하는 낱말을 빈칸에 쓰세요.

1 [ㅈ][ㅈ]하다: 천체가 스스로 고정된 축을 중심으로 회전하다.

예 지구가 (　　　　)하기 때문에 낮과 밤이 생긴다.

2 [ㄱ][ㅈ]하다: 한 천체가 다른 천체의 둘레를 주기적으로 돌다.

예 달은 지구의 둘레를 (　　　　)한다.

3 [ㅎ][ㅅ]: 중심 별의 강한 인력의 영향으로 타원 궤도를 그리며 중심 별의 주위를 도는 천체

예 태양계에는 수성, 금성, 지구, 화성 등의 (　　　　)들이 있다.

03 다음 문장에 들어갈 알맞은 낱말을 보기에서 찾아 쓰세요.

보기

고리　　영향　　운석　　평균

1 최근에는 가구마다 [　][　] 자녀 수가 점점 줄어들고 있다.

2 지구 온난화는 생태계의 변화를 비롯하여 사람과 자연에 많은 [　][　]을 주고 있다.

18 개미는 길을 어떻게 찾을까?

1 사람도 길을 잃기 쉬운, 모래가 가득한 사막. 이곳에 살고 있는 초보 일개미는 태어나서 처음으로 오늘 집 밖을 나오게 되었다. 이제부턴 일을 하게 될 테니 집 주변을 살펴보고 오라는 여왕개미의 말에 무작정 길을 나선 초보 일개미. 과연 집에 제대로 돌아갈 수 있을까? 우리의 걱정과는 달리, 초보 일개미는 길을 잃지 않고 집으로 돌아가는 길을 바로 찾아내었다. 도대체 초보 일개미가 헤매지 않고 길을 찾은 비법은 무엇일까?

2 개미들이 먹이를 집으로 옮기는 모습을 살펴보면, 앞에 가는 개미를 따라 그 뒤에 오는 개미들이 한 줄로 졸졸졸 쫓아간다. 그 이유는 처음 먹이를 발견한 개미가 집으로 돌아올 때 뿌려 놓은 페로몬 냄새를 다른 개미들이 따라가기 때문이다. 사람은 말로 의사소통을 하지만, 어떤 동물들은 냄새로 의사소통을 한다. 개미도 마찬가지인데, 이때 사용하는 물질을 바로 '페로몬'이라고 한다. 개미들은 바로 이 페로몬을 이용하여 길을 정확히 안내하고, 또 찾을 수 있다. 하지만 한 가지 궁금증이 남는다. 그렇다면 맨 처음 먹이를 발견한 개미는 페로몬 냄새가 나는 길이 없을 텐데, 어떻게 집으로 돌아올 수 있을까?

3 20세기 초, 북아프리카 튀니지 지방에 '산치'라는 사람이 살고 있었다. 어느 날 그는 개미가 집으로 돌아가는 걸 지켜보고 있다가, 개미가 지나가는 길 옆에 판자를 놓고 태양을 볼 수 없게 하였다. 그러자 개미는 우왕좌왕하면서 길을 잃은 듯한 반응을 보였다. 이후 산치가 판자를 치워 주자, 태양을 다시 볼 수 있게 된 개미는 집으로 가는 방향을 찾아 이동하였다. 그는 다시 ㉠ 태양을 자신의 오른쪽에 두고 이동하는 개미의 옆에 또다시 판자를 놓고, 반대편에는 거울을 놓아 태양을 반사시켰다. 그러자 개미는 거울에 비친 태양을 오른쪽에 두고 집의 정반대 방향으로 이동하기 시작했다. 이후 산치가 판자와 거울을 모두 치우

자, 방향을 틀어 집으로 가는 방향으로 이동했다. 이와 같은 실험을 통해 그는 집을 나선 개미가 태양을 기준으로 방향을 찾아서 집으로 돌아온다는 것을 발견하였다.

4 만약 개미가 먹이를 찾아 나선 시간과 먹이를 구해 집으로 돌아오는 시간의 차이가 클 경우에는 어떻게 될까? 시간이 지날수록 태양 역시 이동하여 위치 변화가 커질 텐데, 이때에도 개미들은 집을 정확하게 찾을 수 있을까? 먹이를 물고 집으로 돌아가는 개미를 잡아 어두운 상자 속에 가둔다. 그런 다음 오랜 시간을 두고 다시 풀어 주면, 놀랍게도 개미는 태양이 움직인 만큼 방향을 조정해서 정확히 집으로 향한다. 그 이유는 개미의 뇌에 '생물 시계'라는 것이 있어서, 한 시간에 15도씩 각도를 조절해 주기 때문이다.

◆ **의사소통:** 가지고 있는 생각이나 뜻이 서로 통함
◆ **우왕좌왕하면서:** 이리저리 왔다 갔다 하며 일이나 나아가는 방향을 종잡지 못하면서

글 내용 한눈에 보기

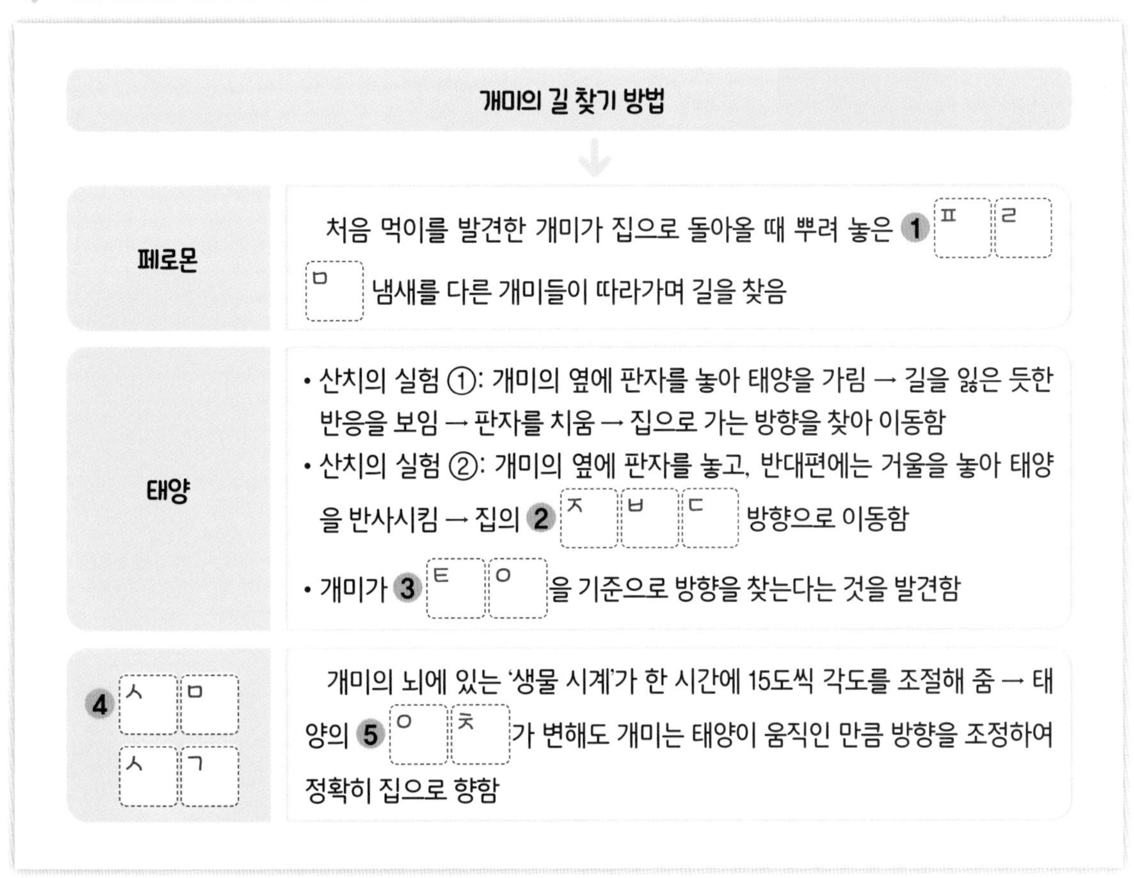

개미의 길 찾기 방법

페로몬	처음 먹이를 발견한 개미가 집으로 돌아올 때 뿌려 놓은 ① [ㅍ][ㄹ][ㅁ] 냄새를 다른 개미들이 따라가며 길을 찾음
태양	• 산치의 실험 ①: 개미의 옆에 판자를 놓아 태양을 가림 → 길을 잃은 듯한 반응을 보임 → 판자를 치움 → 집으로 가는 방향을 찾아 이동함 • 산치의 실험 ②: 개미의 옆에 판자를 놓고, 반대편에는 거울을 놓아 태양을 반사시킴 → 집의 ② [ㅈ][ㅂ][ㄷ] 방향으로 이동함 • 개미가 ③ [ㅌ][ㅇ]을 기준으로 방향을 찾는다는 것을 발견함
④ [ㅅ][ㅁ] [ㅅ][ㄱ]	개미의 뇌에 있는 '생물 시계'가 한 시간에 15도씩 각도를 조절해 줌 → 태양의 ⑤ [ㅇ][ㅊ]가 변해도 개미는 태양이 움직인 만큼 방향을 조정하여 정확히 집으로 향함

글을 이해해요

내용 이해

01 이 글에 대한 설명이 맞으면 ○, 틀리면 × 표시를 하세요.

1 개미가 먹이를 찾기 위해 무리 지어 나갈 때는 주로 소리를 이용하여 의사소통을 한다. [○ / ×]

2 태양을 가리면 개미는 길을 잃은 듯한 반응을 보인다. [○ / ×]

내용 이해

02 개미의 길 찾기 방법에 대한 설명으로 알맞지 않은 것은 무엇인가요? [ ]

① 집 밖을 처음 나온 개미라도 집을 정확히 찾을 수 있다.
② 먹이를 맨 처음에 발견한 개미는 페로몬의 도움을 받지 못한다.
③ 산치는 개미가 태양을 기준으로 집의 방향을 찾는다는 것을 발견했다.
④ 개미들은 길에 페로몬을 뿌려 뒤에 오는 개미들이 길을 찾을 수 있게 한다.
⑤ 개미를 어두운 상자 속에 가두고 시간이 지난 뒤 풀어 주면 집을 찾지 못한다.

내용 추론

03 보기는 ㄱ의 상황을 그림으로 그린 것입니다. 보기에서 개미가 이동했을 경로로 알맞은 것은 무엇일까요? [ ]

보기

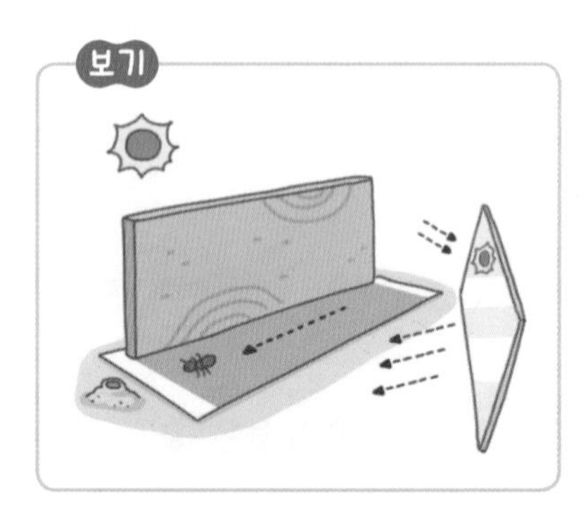

①
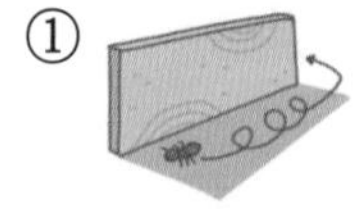

②
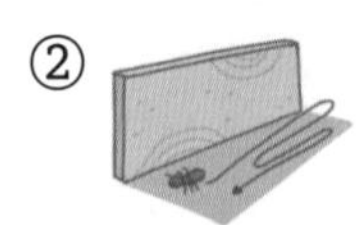

③
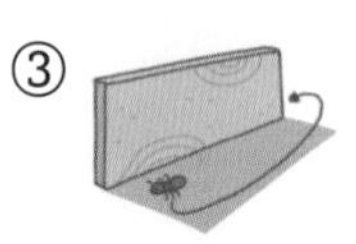

④
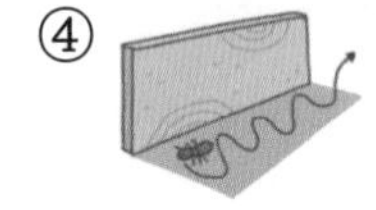

⑤

내용 추론

04 다음을 읽고 빈칸에 들어갈 알맞은 숫자를 쓰세요. [ ]

구름 한 점 없이 맑은 날, 3시간 만에 집에 돌아가게 된 개미는 태양이 움직인 만큼 각도를 (　　　)도 조정하여 집에 찾아갈 것이다.

중심 내용 쓰기

05 이 글의 중심 내용을 한 문장으로 완성해 보세요.

개미는 길을 찾기 위해 페로몬 냄새를 이용하고, ________________________, 뇌에 있는 생물 시계를 이용하여 시간에 따라 방향을 조정한다.

정답과 해설 41쪽

01 다음 낱말의 뜻을 찾아 바르게 연결해 보세요.

1 경우 •　　• ㄱ 놓여 있는 조건이나 놓이게 된 형편이나 사정

2 생물 •　　• ㄴ 학문이나 기술 따위를 익힐 때의 그 처음 단계나 수준

3 초보 •　　• ㄷ 생명을 가지고 스스로 생활 현상을 유지하여 나가는 물체

02 제시된 뜻과 예문을 참고하여 다음 초성에 해당하는 낱말을 빈칸에 쓰세요.

1 [ㅈ][ㅎ]하다: 바르고 확실하다.

예 내 시계는 시간이 (　　　　)하다.

2 [ㅇ][ㄷ]하다: 움직여 옮기다. 또는 움직여 자리를 바꾸다.

예 우리 반은 그림을 그리기 위해 미술실로 (　　　　)하였다.

3 [ㅊ][ㅇ]: 서로 같지 아니하고 다름. 또는 그런 정도나 상태

예 귀로 듣는 것과 눈으로 보는 것은 (　　　　)가 있다.

03 다음 문장에 들어갈 알맞은 낱말을 보기에서 찾아 쓰세요.

보기

의사소통　　조절하다　　반사시키다　　우왕좌왕하다

1 비상벨이 울리자 사람들은 [ ][ ][ ][ ]하며 어쩔 줄을 몰랐다.

2 외국에서 살다 온 내 친구는 영어로 하는 [ ][ ][ ][ ]이 자연스럽다.

19 올림픽은 어디에서 열릴까?

1 세계에서 가장 큰 스포츠 행사인 올림픽은 4년마다 한 번씩 열리는 국제 스포츠 경기 대회이다. 올림픽은 고대 그리스 올림피아에서 열리던 올림피아 경기를 기원으로 한다. 올림픽은 프랑스의 쿠베르탱이 제안하여 1896년에 그리스의 아테네에서 처음 시작되었다. 스포츠를 통해 청년들의 사기를 올리고, 세계의 평화를 도모하자는 취지였다. 올림픽은 '보다 빨리, 보다 높이, 보다 튼튼히'라는 표어 아래 제1회 아테네 대회가 열린 이래, 지금은 200여 개의 나라가 참가하는 전 세계인의 축제가 되었다.

2 그러면 올림픽이 열리는 장소는 어떻게 정하는 것일까? 올림픽 개최지는 국제 올림픽 위원회(IOC)에서 정한다. 국제 올림픽 위원회는 올림픽 개최 도시를 정하는 것뿐만 아니라 올림픽 대회의 경기 종목 등도 결정하는 역할을 한다. 올림픽 개최를 희망하는 도시가 국제 올림픽 위원회에 개최 신청을 하면 국제 올림픽 위원회에서는 올림픽 개최를 신청한 도시에 대한 정보와 올림픽 개최에 대한 시민들의 생각을 살펴본다. 개최를 신청한 도시 중에 보통 4개 도시 정도를 최종 후보로 정하고 국제 올림픽 위원회 총회에서 투표를 통해 올림픽이 열리는 장소를 선정한다.

3 이와 같은 선정 과정을 통해서 지금까지 여러 나라의 여러 도시에서 올림픽이 열렸다. 도시를 기준으로 하다 보니 한 나라에서 여러 차례 올림픽을 개최하기도 하였다. 1896년부터 2028년까지 34번의 올림픽 중에서 미국은 다섯 번, 프랑스는 세 번, 그리스, 영국, 독일, 호주, 일본은 각각 두 번씩 올림픽 개최지로 선정되었다. 우리나라의 경우는 한 번으로, 1988년에 제24회 올림픽을 수도인 서울에서 개최하였다.

4 그런데 2032년 올림픽부터는 올림픽 개최지를 선정하는 방법이 바뀔 예정이다. 기존에는 도시만 올림픽을 개최할 수 있었지만 도시는 물론 국가, 혹은 지역도 올림픽을 개최할 수 있게 하여 개최지를 다양화할 예정이다. 이전에는 한 도시에서 모든 경기를 해야 했지만 이제는 한 나라 안에서 여러 도시는 물론이고, 여러 나라나 여러 도시가 힘을 합쳐 올림픽을 개최할 수도 있다.

5 또한 이전에는 올림픽이 열리기 7년 전에 올림픽 개최지를 선정해야 했다. 하지만 규정이 바뀌면 이러한 제한도 없어져 상황에 맞게 선정 시기를 정하여 올림픽 개최지를 결정할 수 있게 된다. 그리고 개최를 희망하는 여러 도시를 대상으로 투표를 하는 대신 '미래 유

치 위원회'라는 조직이 올림픽 개최 후보지를 검토한 뒤에 하나의 후보지만을 선정하고, 이 하나의 후보지를 대상으로 투표하여 올림픽 장소를 결정하게 될 것으로 보인다.

- **기원**: 사물이 처음으로 생김. 또는 그런 근원
- **제안하여**: 안이나 의견으로 내놓아
- **사기**: 의욕이나 자신감 따위로 충만하여 굽힐 줄 모르는 기세
- **도모하자**: 어떤 일을 이루기 위하여 대책과 방법을 세우자
- **취지**: 어떤 일의 근본이 되는 목적이나 긴요한 뜻
- **개최지**: 행사나 모임 따위를 여는 장소

글 내용 한눈에 보기

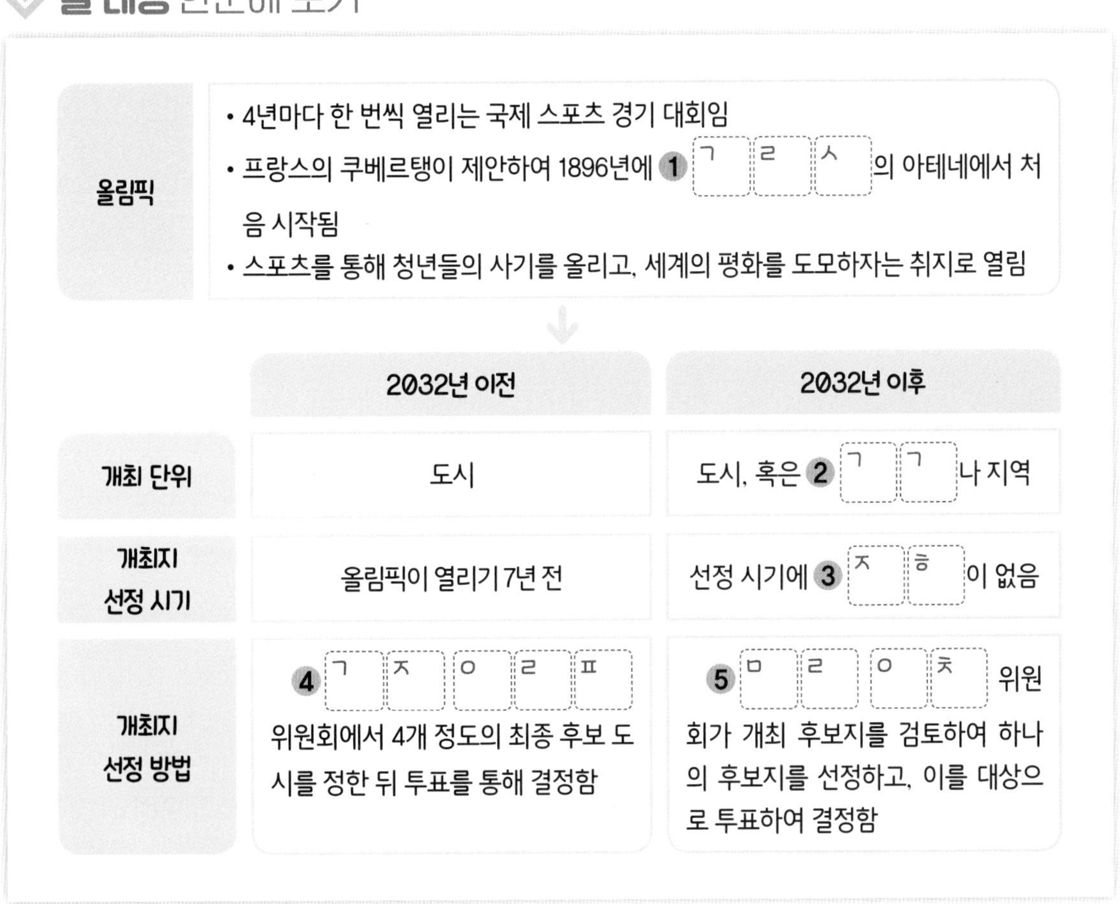

올림픽	• 4년마다 한 번씩 열리는 국제 스포츠 경기 대회임 • 프랑스의 쿠베르탱이 제안하여 1896년에 ❶ [ㄱ][ㄹ][ㅅ]의 아테네에서 처음 시작됨 • 스포츠를 통해 청년들의 사기를 올리고, 세계의 평화를 도모하자는 취지로 열림

	2032년 이전	2032년 이후
개최 단위	도시	도시, 혹은 ❷ [ㄱ][ㄱ]나 지역
개최지 선정 시기	올림픽이 열리기 7년 전	선정 시기에 ❸ [ㅈ][ㅎ]이 없음
개최지 선정 방법	❹ [ㄱ][ㅈ][ㅇ][ㄹ][ㅍ] 위원회에서 4개 정도의 최종 후보 도시를 정한 뒤 투표를 통해 결정함	❺ [ㅁ][ㄹ][ㅇ][ㅊ] 위원회가 개최 후보지를 검토하여 하나의 후보지를 선정하고, 이를 대상으로 투표하여 결정함

글을 이해해요

내용 이해

01 이 글에 대한 설명이 맞으면 ○, 틀리면 × 표시를 하세요.

1 우리나라는 1988년 서울에서 올림픽을 개최하였다. [○ / ×]

2 현재 국제 올림픽 위원회는 10개의 개최지 후보 도시 중 하나를 투표로 선정한다. [○ / ×]

내용 이해

02 올림픽에 대한 설명으로 알맞지 않은 것은 무엇인가요? [ ]

① 4년마다 한 번씩 열린다.
② 프랑스의 쿠베르탱이 창시하였다.
③ 영국의 런던에서 가장 처음 시작되었다.
④ 전 세계 200여 개의 나라가 참가하는 지구촌 축제이다.
⑤ 고대 그리스 올림피아에서 열리던 경기에서 생각해 낸 것이다.

내용 추론

03 국제 올림픽 위원회에 대한 설명으로 알맞지 않은 것은 무엇일까요? [ ]

① 영어 약자는 IOC이다.
② 올림픽의 경기 종목을 결정한다.
③ 올림픽이 열리는 장소를 결정한다.
④ 올림픽 개최 후보지가 적절한지 살펴본다.
⑤ 회장은 단독으로 올림픽 개최지를 결정할 권한을 갖는다.

내용 추론

04 2032년부터 바뀌는 올림픽 개최 방법으로 알맞은 것은 무엇일까요? [ ]

① 모든 경기는 한 도시에서만 하게 된다.
② 반드시 7년 전에 개최지를 선정해야 한다.
③ 개최 후보지는 하나만 선정하여 투표로 결정한다.
④ 이미 개최한 국가는 제외하고 개최 후보지를 선정한다.
⑤ 국가나 지역이 아닌, 도시에서만 올림픽을 개최할 수 있다.

중심 내용 쓰기

05 이 글의 중심 내용을 한 문장으로 완성해 보세요.

올림픽은 2032년 이전까지는 도시를 개최 단위로 하여 올림픽이 열리기 7년 전에 4개 정도의 최종 후보 도시 중 하나를 개최지로 선정하였는데, 2032년 이후에는 ________________ 결정한다.

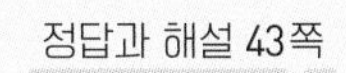

01 다음 낱말의 뜻을 찾아 바르게 연결해 보세요.

1 사기 •　　• ㉠ 행사나 모임 따위를 여는 장소

2 선정 •　　• ㉡ 여럿 가운데서 어떤 것을 뽑아 정함

3 개최지 •　　• ㉢ 의욕이나 자신감 따위로 충만하여 굽힐 줄 모르는 기세

02 제시된 뜻과 예문을 참고하여 다음 초성에 해당하는 낱말을 빈칸에 쓰세요.

1 ㅅ ㄷ : 한 나라의 중앙 정부가 있는 도시

예 영국의 (　　　　　)는 런던이다.

2 ㄱ ㅈ : 규칙으로 정함. 또는 그 정하여 놓은 것

예 글을 쓸 때는 맞춤법 (　　　　　)에 맞게 바르게 써야 한다.

3 ㄱ ㅌ 하다: 어떤 사실이나 내용을 분석하여 따지다.

예 나는 문제에 대한 답을 다 쓴 뒤 꼼꼼히 (　　　　　)하였다.

03 다음 문장에 들어갈 알맞은 낱말을 보기에서 찾아 쓰세요.

보기

기원　　종목　　결정하다　　도모하다

1 인류의 [　][　]은 대략 200만 년 전쯤으로 거슬러 올라간다.

2 유네스코는 세계 평화와 인류 발전을 [　][　]하기 위해 만들어진 유엔의 전문 기관이다.

《 공부한 날짜 월 일 》

좋은 숫자, 나쁜 숫자

1 당신은 어떤 숫자를 좋아하는가? 각자 자기만의 기준에 따라 좋아하는 숫자가 서로 다를 것이다. 하지만 동서양을 가리지 않고 누구나 좋아하는 숫자가 있다. 바로 우리가 흔히 행운의 숫자로 떠올리는 '7'이다. 반대로 우리나라 사람들 대부분이 싫어하는 숫자로 꼽는 것은 '4'이다. 과연 이런 기준은 어떤 이유로 생긴 걸까?

2 동양에서는 숫자의 발음이나 모양과 관련하여 운의 좋고 나쁨을 따지는 경우가 많다. 우리나라에서 '4'라는 숫자를 불길하다고 여기며 싫어하는 이유가 '4'의 발음이 '죽을 사(死)'와 같기 때문이라는 주장이 가장 유력하다. 그래서 빌딩이나 건물에 4층이 없는 경우가 많으며, 굳이 4층을 표기할 때 FOUR의 'F'만 사용하는 경우도 많다. 한편 중국에서는 '8'이라는 숫자를 운이 깃드는 좋은 숫자로 생각하는데, 이는 중국어로 '8'의 발음이 '돈을 번다'라는 뜻을 가진 한자 '발(發)'의 중국어 발음과 비슷하기 때문이다. 또한 한자 '여덟 팔(八)' 자는 양쪽으로 쭉 뻗어 나가는 모양이어서 사업이 번창하는 것을 상징하기도 한다.

3 그렇다면 서양의 경우는 어떠할까? 서양에서는 숫자를 종교적 의미에서 찾는 경우가 많다. 서양에서 행운의 숫자로 여기는 '7'은 성경과 관련이 있다. 조물주가 6일 만에 하늘과 땅을 만들고 7일째에 편히 쉬었는데, 여기에서 '7'이 완성과 축복의 의미를 갖게 되었다는 것이다. 다른 이유로는 고대 이스라엘에서 '7'이 하늘의 숫자인 '3'과 땅의 숫자인 '4'를 더한 숫자로, 세계의 모든 것을 나타낸다고 보아 성스러운 숫자로 여겼다는 것이다. 한편 서양에서는 '6'을 행운의 숫자인 '7'에서 하나 모자란 숫자라는 이유로 불길하게 보기도 한다. 그래서 미국에서는 '6'이라는 숫자 자체를 아예 쓰지 않는 편이며, 당연히 건물에 6층이 있거나 호텔 객실 번호를 666으로 표현하는 것을 꺼린다. 또한 '13'을 불길한 숫자로 믿는데, 이는 예수를 배반한 유다가 최후의 만찬 때 13번째 자리에 앉았다는 것에서 유래를 찾곤 한다.

4 그러나 동양과 서양이 숫자에 대해서 이처럼 서로 다른 시각만을 보이는 것은 아니다. 동양뿐만 아니라 서양에서도 신성하게 여기는 숫자가 바로 '12'인데, '12'에는 '완전함'과 '우주의 질서'라는 의미가 담겨 있다고 보기 때문이다. 그래서 실제 우리 주변에서 '12'와 관련한 것들을 발견하기 쉬운데, 그중 대표적인 것이 바로 시간의 단위이다. 우리의 시간을 측

정하는 1년 단위는 12개월로 나누어져 있는데, 그 주기가 매년 딱 들어맞는다. 하루 역시 오전과 오후로 12시간씩 나누어져 있다.

5 한편 숫자에 대한 사람들의 생각은 그들이 지녔던 사고방식과도 관련이 있다. 오래전부터 세계를 음과 양의 관계로 보아 왔던 동양에서는 홀수를 '양'의 수, 짝수를 '음'의 수라 하였다. 그래서 '양'의 수인 홀수가 겹치는 날은 생기가 넘친다고 해서 운이 좋은 날로 여겼다. 음력 5월 5일이 단오라는 명절이 된 것도 이 때문이다. 수학의 역사에서 '0'이라는 숫자를 본격적으로 사용하게 된 것도 불교적 사고방식과 관련이 있다. 불교가 처음 나타난 인도에서는 '공(비어 있음)'이라는 사고방식이 널리 퍼져 있었기 때문에 '0'이라는 숫자를 쉽게 생각해 낼 수 있었다.

- **유력하다:** 가능성이 많다.
- **상징하기:** 추상적인 개념이나 사물을 구체적인 사물로 나타내기
- **사고방식:** 어떤 문제에 대하여 생각하고 궁리하는 방법이나 태도

글 내용 한눈에 보기

사람마다 특정한 1 [ㅅ][ㅈ]에 대한 좋고 나쁨의 기준이 있음

숫자에 대한 동양의 생각은 숫자의 2 [ㅂ][ㅇ]이나 모양과 관련이 있음

숫자에 대한 서양의 생각은 숫자에 담긴 3 [ㅈ][ㄱ]적 의미와 관련이 있음

숫자 '12'는 동서양이 공통적으로 4 '[ㅇ][ㅈ][ㅎ]'과 '우주의 질서'라는 의미가 담겨 있다고 보아 신성하게 여김

숫자에 대한 사람들의 생각은 그들이 지녔던 5 [ㅅ][ㄱ][ㅂ][ㅅ]과도 관련이 있음

글을 이해해요

내용 이해

01 이 글에 대한 설명이 맞으면 ○, 틀리면 × 표시를 하세요.

1 우리가 안정된 숫자로 생각하는 '8'은 한국인이라면 누구나 좋아하는 숫자이다.

[○ / ×]

2 수학에서 숫자 '0'을 본격적으로 사용하게 된 것은 기독교적 사고방식의 영향이다.

[○ / ×]

내용 이해

02 이 글에서 알 수 있는 내용으로 알맞지 않은 것은 무엇인가요? [ ]

① 동양에서 음력 5월 5일은 매우 길한 날이다.
② 서양 사람들은 '6'을 '7'에 가장 가까운 숫자라며 좋아한다.
③ 서양에서 '7'은 종교적으로 완성과 축복을 의미하는 숫자이다.
④ '12'는 동양뿐만 아니라 서양에서도 신성하게 여기는 숫자이다.
⑤ 동양에서는 양의 수인 홀수가 겹치는 날을 운이 좋은 날로 여겼다.

내용 추론

03 이 글로 보아, 그 성격이 유사한 숫자끼리 알맞게 묶인 것은 무엇일까요?

[ ]

① 7, 8 ② 6, 8 ③ 0, 6
④ 0, 13 ⑤ 12, 13

내용 이해

04 다음 설명에 들어갈 알맞은 숫자를 이 글에서 찾아 각각 쓰세요.

• 동양과 서양에서 모두 행운의 숫자 하면 떠올리는 숫자 ……… [ ]

• 부정적인 의미의 낱말과 발음이 비슷해서 우리나라 사람들이 대부분 싫어하는 숫자 ……… [ ]

중심 내용 쓰기

05 이 글의 중심 내용을 한 문장으로 완성해 보세요.

특정한 숫자에 대한 동서양의 생각이 차이를 보이는 이유는 동양은 ________에 영향을 받고, 서양은 ________에 영향을 받기 때문이다.

01 다음 낱말의 뜻을 찾아 바르게 연결해 보세요.

1 시각	• •	ㄱ 사물이나 일이 생겨난 바
2 유래	• •	ㄴ 사물을 관찰하고 파악하는 기본적인 자세
3 주기	• •	ㄷ 같은 현상이나 특징이 한 번 나타나고부터 다음번 되풀이되기까지의 기간

02 제시된 뜻과 예문을 참고하여 다음 초성에 해당하는 낱말을 빈칸에 쓰세요.

1 [ㅇ][ㄹ]하다: 가능성이 많다.

예 내가 회장이 될 것이 (   )하다.

2 [ㅅ][ㅅ]하다: 함부로 가까이할 수 없을 만큼 고결하고 거룩하다.

예 사람들은 마을 입구에 있는 이 나무를 (   )하게 여겨 소중히 가꾸었다.

3 [ㅅ][ㅈ]하다: 추상적인 개념이나 사물을 구체적인 사물로 나타내다.

예 예로부터 비둘기는 평화를 (   )하는 동물로 알려져 왔다.

03 다음 문장에 들어갈 알맞은 낱말을 보기에서 찾아 쓰세요.

보기

발견하다 배반하다 번창하다 불길하다

1 어젯밤에 [ ][ ]한 꿈을 꾸어서인지 마음이 계속 불안하다.

2 '믿는 도끼에 발등 찍힌다'라는 속담은 잘되리라고 믿고 있던 일이 어긋나거나 믿고 있던 사람이 [ ][ ]하여 오히려 해를 입음을 뜻하는 말이다.

실력 확인

△ 글의 문단별 내용을 정리하고 주제를 써 보아요.

01 즉석식, 어떻게 선택해야 할까?

본문 8~9쪽

1 문단 즉석식의 의미와 즉석식의 영양 정보를 잘 알고 올바르게 선택하는 것의 필요성

2 문단 즉석식을 선택하는 바람직한 방법 ①, ②: [ ][ ] 메뉴를 주문함, [ ][ ] 균형을 고려함

3 문단 즉석식을 선택하는 바람직한 방법 ③: 열량이 높거나 [ ][ ]이 많은 즉석식을 피함

4 문단 즉석식을 선택하는 바람직한 방법 ④: 같은 메뉴라면 크기가 [ ][ ] [ ]을 고름

5 문단 즉석식 선택에 대한 글쓴이의 당부

주제 [ ][ ][ ]을 선택하는 바람직한 방법

02 세계를 위해 일하는 NGO

본문 12~13쪽

1 문단 지구촌 문제를 해결하기 위해 시민들이 만든 [ ][ ][ ] 기구인 NGO

2 문단 핵 실험을 반대하고 환경을 지키는 활동을 하는 [ ][ ][ ][ ]

3 문단 국제 인도주의 의료 구호 단체인 [ ][ ] [ ][ ] [ ][ ][ ]

4 문단 인권 보호를 위한 활동을 하는 국제 [ ][ ][ ][ ]

주제 [ ][ ][ ]의 대표적인 세 단체에 대한 소개

03 이런 명언 들어 봤니?

본문 16~17쪽

1 문단 던질 때마다 나오는 숫자가 달라지는 [ ][ ][ ]

2 문단 수많은 전쟁을 치르며 인기가 높아지자 원로원의 미움을 받게 된 [ ][ ][ ][ ]

3 문단 [ ][ ]를 이끌고 루비콘강을 건너며 카이사르가 한 말

4 문단 '[ ][ ][ ]는 던져졌다.'라는 말의 의미

주제 '[ ][ ][ ]는 던져졌다.'라는 말의 유래와 의미

04 빛의 마법

본문 20~21쪽

1 문단 물체를 보기 위한 세 가지 조건 및 빛의 □□

2 문단 색을 구별하는 것과 관련된 빛의 □□와 흡수

3 문단 물질의 경계면에서 빛이 꺾이거나 빛이 통과하는 것과 관련된 빛의 □□과 투과

4 문단 유리창 밖의 풍경, 유리컵과 유리창을 볼 수 있는 이유

주제 직진, 반사, □□, 굴절, □□와 같은 빛의 다양한 성질

05 정홍순 딸의 혼례 이야기

본문 24~25쪽

1 문단 딸의 □□□이 가까워지지만, 정홍순은 아무런 관심도 없이 태평하기만 함

2 문단 부인에게 혼례 □□을 물은 정홍순은 자신이 늦지 않게 준비하겠다고 말함

3 문단 정홍순은 집에 있는 것들로 딸의 혼례를 치르고, 이에 실망한 □□는 처가에 발길을 끊음

4 문단 정홍순이 딸과 사위를 불러 그간의 사정을 밝히자, 사위가 장인의 깊은 뜻을 깨달음

주제 □□□의 검소한 삶의 자세

06 고인돌을 아시나요?

본문 28~29쪽

1 문단 □□□의 개념 및 이름의 유래

2 문단 고인돌의 기능

3 문단 고인돌의 □□와 특징

4 문단 □□□□에서 고인돌이 발견된 지역

5 문단 □□ 지역 고인돌의 특징

주제 □□□의 기능과 종류 및 우리나라에 분포되어 있는 고인돌의 특징

실력 확인

07 진짜? 가짜?

본문 32~33쪽

1 문단 과학 기술의 발달로 접할 수 있게 된 기술인 AR와 VR

2 문단 현실 세계에 가상의 이미지를 추가하여 보여 주는 ☐☐(증강 현실)

3 문단 ☐☐ 세계가 360도로 펼쳐지는 VR(가상 현실)

4 문단 AR와 VR의 공통점과 차이점 및 AR와 VR의 장점을 모두 살린 기술인 ☐☐

주제 AR(☐☐ 현실)와 VR(가상 현실)의 개념과 특징

08 나무의 꿈, 종이의 꿈

본문 36~37쪽

1 문단 우리가 1년 동안 사용하는 ☐☐의 양

2 문단 종이를 만드는 과정에서 파괴되는 ☐☐

3 문단 일반 종이에 비해 자원이 적게 들고 환경 오염도 적은 ☐☐ 종이

4 문단 재생 종이의 우수한 품질 및 재생 종이를 사용하자는 당부

주제 ☐☐ 종이 사용의 장점 및 필요성

09 뱅글뱅글, 어떤 팽이를 돌려 볼까?

본문 40~41쪽

1 문단 ☐☐☐☐의 개념과 팽이의 여러 가지 이름

2 문단 팽이의 종류 ①: ☐☐☐에 따른 팽이

3 문단 팽이의 종류 ②: 팽이채나 ☐을 쓰지 않는 팽이

4 문단 팽이 싸움의 방법

주제 팽이의 종류 및 ☐☐ ☐☐의 방법

10 바보 의사 장기려

본문 44~45쪽

1문단 □□가 되겠다는 꿈을 이룬 장기려는 가난한 환자들을 위해 평생을 바치기로 다짐함

2문단 부산으로 피란을 온 장기려는 무료로 피란민들을 치료하며 □□ □□라고 불림

3문단 장기려는 치료비가 없는 환자를 위해 월급을 내놓기도 하고 환자를 몰래 도망가게 하기도 함

4문단 □□□□□ 사회봉사상을 받기도 한 장기려는 평생 환자만을 생각하는 삶을 살았음

주제 환자를 위해 평생을 바친 의사 □□□의 삶

11 공룡을 만나요

본문 48~49쪽

1문단 '□□□□□'라는 명칭의 유래 및 공룡을 나누는 기준과 종류

2문단 공룡 중에서 가장 널리 알려진 □□류 공룡인 티라노사우루스의 특징

3문단 □□류 공룡이자, 육지 동물 중 가장 큰 브라키오사우루스의 특징

4문단 우리나라에서 발견된 □□□□□□□와 공룡 발자국 흔적

주제 □□□□□□□, 브라키오사우루스, 부경고사우루스의 종류와 특징

12 공기의 몸속 여행

본문 52~53쪽

1문단 사람의 호흡수와 하루 호흡량

2문단 공기가 가장 먼저 들어가는 □의 특징

3문단 코와 폐를 연결하는 긴 관인 □□과 기관지의 특징

4문단 □□라는 공기 주머니로 이루어진 폐의 특징

5문단 호흡의 원리와 개념

주제 □□의 원리와 과정

실력 확인

13 우리말, 어떻게 쓰고 있을까?

본문 56~57쪽

1문단 한국어의 인기와 대비되는 국어 사용 실태

2문단 국어 사용의 문제점 ①: 무분별한 은어, □□□의 사용

3문단 국어 사용의 문제점 ②: 불필요한 □□□ 남용

4문단 국어 사용의 문제점 ③: 잘못된 □□ 표현

5문단 올바른 국어 사용에 대한 당부

주제 우리의 □□□□를 지키고 발전시키기 위한 올바른 □□ 사용 방안

14 창경궁과 만나다

본문 60~61쪽

1문단 창경궁의 역사와 창경궁 내의 중요 문화재 소개

2문단 창경궁의 정문인 □□□에 대한 소개

3문단 홍화문과 명정전을 잇는 □□□에 대한 소개

4문단 창경궁의 정전인 □□□에 대한 소개

5문단 왕비가 잠을 자는 건물인 □□□에 대한 소개

주제 □□□의 역사와 창경궁 내의 중요 문화재의 특징

15 대동여지도 속 우리나라

본문 64~65쪽

1문단 사람들이 길을 잃지 않기 위해 그리기 시작한 □□

2문단 □□□□□의 형태상 특징

3문단 대동여지도의 우수성 ①, ②: 정확하고 과학적이며 상세함, □□가 가능하고 휴대가 편리함

4문단 대동여지도의 우수성 ③: 사람들이 □□를 쉽게 알아볼 수 있도록 함

5문단 대동여지도의 의의

주제 대동여지도의 형태상 특징과 □□□

16 다양한 대체 에너지

본문 68~69쪽

1 문단 □□ □□를 대체할 에너지의 필요성

2 문단 □□□을 이용하여 전기를 만드는 원자력 발전의 장단점

3 문단 □□에서 에너지를 얻어 전기를 만드는 태양광 발전의 장단점

4 문단 □□에서 에너지를 얻어 전기를 만드는 풍력 발전의 장단점

5 문단 □에서 에너지를 얻어 전기를 만드는 수력 발전의 장단점

6 문단 밀물과 썰물 때 해수면 높이의 차이를 이용하여 전기를 만드는 □□ 발전의 장단점

주제 화석 연료의 문제점과 이를 해결하기 위한 □□ □□□의 장점 및 단점

17 태양계로 떠나자

본문 72~73쪽

1 문단 태양계의 개념과 태양의 특징 및 태양 주위를 도는 8개의 행성 소개

2 문단 태양과 가장 가까이 있는 □□의 특징

3 문단 행성으로는 가장 밝은 □□의 특징

4 문단 생명체가 사는 □□의 특징

5 문단 지구와 비슷하며 한때 물이 있었던 □□의 특징

6 문단 태양계에서 가장 큰 □□의 특징

7 문단 행성 둘레에 고리가 많은 □□의 특징

8 문단 기체가 얼어붙어 있는 □□□의 특징

9 문단 태양에서 가장 멀리 떨어져 있는 □□□의 특징

주제 □□□를 구성하고 있는 태양과 8개 행성의 특징

정답과 해설 52쪽

실력 확인

18 개미는 길을 어떻게 찾을까?

본문 76~77쪽

1 문단 길을 잃지 않고 집으로 돌아가는 길을 바로 찾아낸 일개미
2 문단 개미의 길 찾기 방법 ①: □□□을 이용함
3 문단 개미의 길 찾기 방법 ②: □□을 기준으로 방향을 찾음
4 문단 개미의 길 찾기 방법 ③: 생물 시계를 이용하여 □□을 조정함

주제 □□가 길을 찾는 다양한 방법

19 올림픽은 어디에서 열릴까?

본문 80~81쪽

1 문단 □□□의 개념 및 올림픽이 시작된 계기와 그 의의
2 문단 □□ □□□ 위원회가 올림픽 개최지를 선정하는 절차
3 문단 지금까지 올림픽이 열렸던 나라와 횟수
4 문단 2032년부터 개최지 □□ 방법이 바뀌어 다양화되는 올림픽 개최지
5 문단 올림픽 개최 후보지를 검토하고 선정하는 조직인 □□ □□ 위원회

주제 올림픽 □□□를 선정하는 방법

20 좋은 숫자, 나쁜 숫자

본문 84~85쪽

1 문단 사람마다 특정한 숫자에 대한 좋고 나쁨의 기준이 있음
2 문단 숫자에 대한 동양의 생각은 숫자의 발음이나 □□과 관련이 있음
3 문단 숫자에 대한 서양의 생각은 숫자에 담긴 □□적 의미와 관련이 있음
4 문단 숫자 '12'는 동서양이 공통적으로 신성하게 여김
5 문단 숫자에 대한 사람들의 생각은 그들이 지녔던 □□□□과도 관련이 있음

주제 □□를 대하는 동양과 서양의 시각 차이

memo

memo

정답과 해설

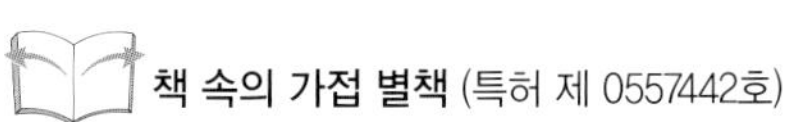

'정답과 해설'은 진도책에서 쉽게 분리할 수 있도록 제작되었으므로
유통 과정에서 분리될 수 있으나 파본이 아닌 정상 제품입니다.

ABOVE IMAGINATION

우리는 남다른 상상과 혁신으로
교육 문화의 새로운 전형을 만들어
모든 이의 행복한 경험과 성장에 기여한다

완자

공부력

초등 국어 독해 4B

정답과 해설

완자 공부력 가이드

완자 공부력 시리즈는
앞으로도 계속 출간될 예정입니다.

완자 공부력 시리즈로 공부 근육을 키워요!

매일 성장하는
초등 자기개발서
완자
공부력

학습의 기초가 되는 읽기, 쓰기, 셈하기와 관련된 공부력을 키워야 여러 교과를 터득하기 쉬워집니다. 또한 어휘력과 독해력, 쓰기력, 계산력을 바탕으로 한 '공부력'은 자기주도 학습으로 상당한 단계까지 올라갈 수 있는 밑바탕이 되어 줍니다. 그래서 매일 꾸준한 학습이 가능한 '**완자 공부력 시리즈**'로 **공부하면 자기주도 학습이 가능한 튼튼한 공부 근육**을 키울 수 있을 것이라 확신합니다.

효과적인 공부력 강화 계획을 세워요!

학년별 공부 계획

내 학년에 맞게 꾸준하게 공부 계획을 세워요!

		1-2학년	3-4학년	5-6학년
기본	독해	국어 독해 1A 1B 2A 2B	국어 독해 3A 3B 4A 4B	국어 독해 5A 5B 6A 6B
	계산	수학 계산 1A 1B 2A 2B	수학 계산 3A 3B 4A 4B	수학 계산 5A 5B 6A 6B
	어휘	전과목 어휘 1A 1B 2A 2B	전과목 어휘 3A 3B 4A 4B	전과목 어휘 5A 5B 6A 6B
		파닉스 1 2	영단어 3A 3B 4A 4B	영단어 5A 5B 6A 6B
확장	어휘	전과목 한자 어휘 1A 1B 2A 2B	전과목 한자 어휘 3A 3B 4A 4B	전과목 한자 어휘 5A 5B 6A 6B
	쓰기	맞춤법 바로 쓰기 1A 1B 2A 2B		
	독해		한국사 독해 인물편 1 2 3 4	
			한국사 독해 시대편 1 2 3 4	

시기별 공부 계획

학기 중에는 **기본**, 방학 중에는 **기본 + 확장**으로 공부 계획을 세워요!

방학 중			
학기 중			
기본			확장
독해	계산	어휘	어휘, 쓰기, 독해
국어 독해	수학 계산	전과목 어휘	전과목 한자 어휘
		파닉스(1~2학년) 영단어(3~6학년)	맞춤법 바로 쓰기(1~2학년) 한국사 독해(3~6학년)

예시 초1 학기 중 공부 계획표 주 5일 하루 3과목 (45분)

월	화	수	목	금
국어 독해	국어 독해	국어 독해	국어 독해	국어 독해
수학 계산	수학 계산	수학 계산	수학 계산	수학 계산
전과목 어휘	파닉스	전과목 어휘	전과목 어휘	파닉스

예시 초4 방학 중 공부 계획표 주 5일 하루 4과목 (60분)

월	화	수	목	금
국어 독해	국어 독해	국어 독해	국어 독해	국어 독해
수학 계산	수학 계산	수학 계산	수학 계산	수학 계산
전과목 어휘	영단어	전과목 어휘	전과목 어휘	영단어
한국사 독해 인물편	전과목 한자 어휘	한국사 독해 인물편	전과목 한자 어휘	한국사 독해 인물편

01 즉석식, 어떻게 선택해야 할까?

본문 8~9쪽

코칭 Tip 이 글은 즉석식을 선택하는 바람직한 방법에 대해 설명하는 글입니다. 글을 쓴 목적을 이해하고, 즉석식을 선택할 때 고려해야 하는 구체적인 방법들을 파악하며 글을 읽을 수 있도록 합니다.

1 즉석식이란 무엇일까? 즉석식은 '패스트푸드'를 순화한 말로, 주문하는 즉시 빠르게 만들어 주는 음식을 말한다. 우리가 즐겨 먹는 햄버거나 피자, 프라이드치킨, 도넛 등이 바로 즉석식이라 할 수 있다. 식생활이 갈수록 서구화됨에 따라, 이러한 즉석식은 우리의 생활 속에 깊숙이 자리 잡게 되었다. 몸에 나쁘다며 즉석식을 무조건 먹지 말라고 할 수는 없는 상황이 된 것이다. 그러므로 즉석식을 먹어야 한다면, 즉석식에 대한 영양 정보를 잘 알고 올바르게 선택하는 것이 필요하다.

중심 소재 / 즉석식의 의미 / 즉석식의 예 / 즉석식이 이미 우리의 생활 속에 널리 퍼져 있기 때문에

▶ 즉석식의 의미와 즉석식의 영양 정보를 잘 알고 올바르게 선택하는 것의 필요성

2 그렇다면 즉석식을 선택할 때의 바람직한 방법은 무엇일까? 먼저 세트 메뉴보다는 단품 메뉴 위주로 주문하는 방법이다. 가격이 저렴하다는 이유로 세트 메뉴를 주문할 경우, 열량과 지방, 나트륨을 너무 많이 섭취할 위험이 있기 때문이다. 또한 메뉴를 고를 때는 영양 균형을 고려해야 한다.『이를테면 햄버거를 먹을 때 샐러드를 같이 주문하여 무기질과 비타민을 보완하고, 콜라 대신 우유를 선택하여 칼슘을 보충하면 균형 잡힌 식사가 될 수 있는 것이다.』

즉석식을 선택하는 바람직한 방법 ① / 세트 메뉴를 주문할 때의 문제점 / 즉석식을 선택하는 바람직한 방법 ② / 『 』: 영양 균형을 고려하여 메뉴를 고르는 방법의 예

▶ 즉석식을 선택하는 바람직한 방법 ①, ②: 단품 메뉴를 주문함, 영양 균형을 고려함

3 다음으로는 열량이 높거나 지방이 많은 즉석식을 피하는 방법이다. 대부분의 즉석식 업체들은 인터넷 사이트를 통해 제품의 종류와 영양소의 함량을 공개하고 있으므로, 음식을 주문하기에 앞서 이러한 것들을 미리 비교해 보는 것도 메뉴 선택의 좋은 방법이 될 수 있다. 즉석식을 먹는다는 것은 같지만, 상대적으로 열량이 낮고 지방이 적어서 몸에 부담이 적은 음식을 선택할 수 있기 때문이다.

즉석식을 선택하는 바람직한 방법 ③

▶ 즉석식을 선택하는 바람직한 방법 ③: 열량이 높거나 지방이 많은 즉석식을 피함

4 마지막으로 같은 메뉴라면 크기가 작은 것을 고르는 방법이다. 즉석식 메뉴의 크기가 클수록 열량이나 지방이 높기 때문이다.『감자튀김은 작은 크기로 고르고, 음료수도 제일 작은 컵으로 주문하는 게 바람직하다. 세 겹으로 된 햄버거보다는 두 겹으로 된 햄버거를 선택하고, 두꺼운 피자보다는 얇은 피자를 고르는 게 좋다.』무엇보다도 햄버거에 들어가는 치즈는 단백질과 지방이 많고 열량이 풍부하므로 많이 먹는 것이 좋다.

즉석식을 선택하는 바람직한 방법 ④ / 『 』: 크기나 용량이 작은 메뉴를 고르는 방법의 예 / 내용의 흐름과 맞지 않는 문장 → 글의 주제와 목적에서 벗어남

▶ 즉석식을 선택하는 바람직한 방법 ④: 같은 메뉴라면 크기가 작은 것을 고름

5『최근에는 웰빙에 대한 관심이 높아지면서 즉석식도 다양한 웰빙 메뉴가 나오고 있다. 그러나 웰빙 메뉴라 하더라도 여전히 지방이 많고 열량이 높은 것이 많기 때문에, 체중을 조절하고자 하는 사람들에게는 적절한 외식 메뉴라고 할 수 없다.』그러므로『건강을 위해서는 가급적 즉석식을 덜 먹되, 즉석식을 먹어야 한다면 앞서 말한 방법들을 고려하여 메뉴를 올바르게 선택하도록 하자.』

『 』: 웰빙 메뉴 역시 즉석식이 지닌 문제점에서는 벗어나지 못함 / 『 』: 글쓴이의 당부

▶ 즉석식 선택에 대한 글쓴이의 당부

맞힌 개수 (　) 개
틀린 개수 (　) 개

글 내용 한눈에 보기

본문 9쪽

1 패스트푸드 2 단품 3 영양 4 열량 5 크기

글을 이해해요

본문 10쪽

자기 평가 ○ ×

01 (내용 이해)
④

02 (내용 추론)
②

03 (내용 이해)
⑤

04 (중심 내용 쓰기)
즉석식을 선택할 때는 단품 위주로 주문하고, 메뉴를 고를 때 영양 균형을 고려하며, 열량이 높거나 지방이 많은 즉석식은 피하고, 같은 메뉴라면 크기가 작은 것을 골라야 한다.

01 이 글은 즉석식을 선택하는 바람직한 방법에 대해 구체적으로 설명하고 있어요. 따라서 이 글의 제목을 바꾼다고 할 때 가장 알맞은 것은 ④예요.

02 2문단에서 메뉴를 고를 때 영양 균형을 고려해야 한다고 했어요. 그 예로 햄버거를 먹을 때 콜라 대신 우유를 선택해서 칼슘을 보충하면 균형 잡힌 식사가 될 수 있다고 했어요.

오답 풀이

① 4문단에서 두꺼운 피자보다는 얇은 피자를 고르라고 했어요.
③ 2문단에서 세트 메뉴보다는 단품 메뉴 위주로 주문하는 것이 좋다고 했어요. 그러나 세트 메뉴 중에서 저렴한 것보다 비싼 것을 선택하라고 이야기하지는 않았어요.
④ 2문단에서 메뉴를 고를 때 영양 균형을 고려하라고 했어요. 그래서 햄버거를 먹을 때 샐러드를 같이 주문하여 무기질과 비타민을 보완하는 것이 좋다고 했어요. 하지만 감자튀김은 햄버거와 마찬가지로 즉석식이므로, 이를 추가하면 열량과 지방, 나트륨을 더 많이 섭취할 위험이 있어요.
⑤ 4문단에서 세 겹으로 된 햄버거보다는 두 겹으로 된 햄버거를 선택하는 것이 좋다고 했어요.

03 이 글은 즉석식을 선택하는 바람직한 방법에 대해 설명하고 있어요. 4문단에서는 즉석식을 선택할 때 같은 메뉴라면 크기가 작은 것을 고르라고 설명하고 있어요. 하지만 ㅁ은 햄버거에 들어있는 치즈를 많이 먹는 것이 좋다는 내용이므로, 이 글을 쓴 목적이나 4문단의 중심 내용과 맞지 않아요.

04 글쓴이는 즉석식을 먹어야 한다면 메뉴를 올바르게 선택해야 한다고 했어요. 그 방법으로 단품 위주로 주문하고, 영양 균형을 고려하여 메뉴를 고르며, 열량이 높거나 지방이 많은 즉석식은 피하고, 크기가 작은 메뉴를 고르라고 했어요.

어휘를 익혀요

본문 11쪽

01 1 ㄴ 2 ㄱ 3 ㄷ

02 1 부담 2 보완 3 서구화

03 1 웰빙 2 상대적

세계를 위해 일하는 NGO

본문 12~13쪽

코칭 Tip 이 글은 비정부 기구라고도 불리는 NGO에 대해 설명하는 글입니다. NGO의 개념을 이해하고, NGO의 대표적인 세 단체의 설립 목적과 주요 활동을 파악하며 글을 읽을 수 있도록 합니다.

1 우리가 사는 세계에는 환경, 가난, 인권, 전쟁, 재난 등 많은 문제가 있다. 세상이 더 살기 좋은 곳이 되려면 이러한 문제를 슬기롭게 해결해야만 한다. 그러나 많은 나라들이 자기 나라의 이익과 발전을 먼저 생각하기 때문에 지구촌 문제를 해결하려는 관심과 노력을 기울이지 않는 경우가 종종 있다. 이를 해결하기 위해 만든 단체가 바로 'NGO'이다. '비정부 기구'라고도 불리는 'NGO'는 정부나 국가와 상관없이 지구촌에서 발생하는 문제를 해결하기 위해 시민들이 모여서 활동하는 단체이다. 현재 국제 연합(UN)으로부터 그 지위를 인정받은 단체는 약 970개가 있는데 그중 대표적인 단체 세 가지를 살펴보도록 하자.

(세계에서 벌어지는 다양한 문제들 / 이유 / 중심 소재 / NGO의 개념 / 뒤에 이어질 내용에 대한 소개)

▶ 지구촌 문제를 해결하기 위해 시민들이 만든 비정부 기구인 NGO

2 '그린피스'는 1971년에 환경 보호와 세계 평화를 위해 만든 비정부 기구이다. 그린피스는 수차례에 걸친 항의 시위 끝에 남태평양에서 진행하던 프랑스의 핵 실험을 중단시켰고, 멸종 위기에 있는 고래를 보호하기 위해 10년에 걸친 캠페인을 진행하여 국제 포경 위원회로부터 잠재적인 고래잡이 중단 결정을 이끌어 내기도 하였다. 또한 오존층 파괴를 막기 위해 친환경 기술로 만든 냉장고 '그린 프리즈'를 개발하고, 이 기술을 전 세계가 무료로 사용할 수 있도록 공개하여 국제 연합(UN)에서 상을 받기도 하였다.

(NGO의 대표적 단체 1 / 그린피스의 설립 목적 / 그린피스의 주요 활동 ① / 그린피스의 주요 활동 ② / 그린피스의 주요 활동 ③)

▶ 핵 실험을 반대하고 환경을 지키는 활동을 하는 그린피스

3 '국경 없는 의사회'는 1971년에 프랑스 의사들과 의학 전문 언론인들이 만든 비정부 기구이다. 이 단체는 국제 인도주의 의료 구호 단체로, 인종·종교·정치적 신념을 떠나 차별 없는 구호 활동을 벌여 왔다. 주로 『의료 지원이 부족한 곳이나 전쟁을 겪는 곳, 갑작스러운 전염병이나 자연재해가 일어난 곳을 찾아가 위기에 처한 사람들을 돕는 활동』을 하고 있다. 1995년에 NGO로는 처음으로 북한의 수해 현장으로 들어가 전염병 예방 활동과 의약품 및 의료 장비 지원 활동을 하기도 하였다. 또한 1999년에는 세계 각지의 분쟁·참사 지역에 신속히 들어가 구호 활동을 펼침으로써 인도주의를 실현하고 일반 대중의 관심을 일으킨 공로를 인정받아 '노벨 평화상'을 수상하였다.

(NGO의 대표적 단체 2 / 국경 없는 의사회를 만든 사람들 / 국경 없는 의사회의 설립 목적 / 『 』: 국경 없는 의사회의 주요 활동)

▶ 국제 인도주의 의료 구호 단체인 국경 없는 의사회

4 '국제 앰네스티'는 사람이라면 누구나 가지는 기본적인 권리인 인권을 보호할 목적으로 1961년에 만든 비정부 기구이다. 『정치적·종교적인 생각을 드러내며 행동했다는 이유로 감옥에 갇힌 사람들이 풀려나도록 노력하거나, 사형 제도를 없애고 난민을 보호하는 활동 등을 하고 있다. 또한 각 나라에서 벌어지고 있는 다양한 인권 문제를 해마다 보고서로 발표하기도 한다.』 이러한 공로를 인정받아, 국제 앰네스티는 1977년에 '노벨 평화상', 1978년에 '유엔 인권상'을 수상하였다.

(NGO의 대표적 단체 3 / 인권의 의미 / 국제 앰네스티의 설립 목적 / 『 』: 국제 앰네스티의 주요 활동)

▶ 인권 보호를 위한 활동을 하는 국제 앰네스티

맞힌 개수 ( ) 개
틀린 개수 ( ) 개

글 내용 한눈에 보기

본문 13쪽

1 비정부 2 환경 3 의료 4 인권 5 고래

글을 이해해요

자기 평가

본문 14쪽

01 (내용 이해)
1 × 2 ○

02 (내용 이해)
②

03 (내용 이해)
그린피스

04 (내용 추론)
④

05 (중심 내용 쓰기)
NGO는 지구촌에서 발생하는 문제를 해결하기 위해 시민들이 모여서 활동하는 단체로, 대표적으로 그린피스, 국경 없는 의사회, 국제 앰네스티 등이 있다.

01 1 NGO는 정부나 국가와 상관없이 지구촌 문제를 해결하기 위해 시민들이 모여서 활동하는 단체예요.
2 국경 없는 의사회는 국제 인도주의 의료 구호 단체로, 의료 지원이 부족한 곳이나 전쟁을 겪는 곳, 자연재해가 일어난 곳 등을 찾아가 위기에 처한 사람들을 돕는 활동을 하고 있어요.

02 지구촌 문제는 세계의 나라들이 공통으로 처한 문제를 말해요. 시험 제도는 세계의 나라들이 공통으로 해결해야 할 문제라고 보기 어려워요.

03 NGO의 대표적인 단체들 중 환경 보호와 세계 평화를 위해 만든 비정부 기구는 그린피스예요. 그린피스는 핵 실험 반대, 멸종 위기에 처한 야생 동물 및 해양 보호와 관련된 활동 등을 주로 하고 있어요.

04 국제 앰네스티는 인권 문제와 관련된 활동을 해요. 즉 인권이 침해될 수 있는 상황을 막고 인권을 보호하는 활동을 해요. 그러나 ④는 국제 앰네스티가 아니라 국경 없는 의사회의 활동에 해당해요.

오답 풀이
①, ③ 4문단에서 국제 앰네스티는 사형 제도를 없애고 난민을 보호하는 활동 등을 하고 있다고 했어요.
② 국제 앰네스티는 사람이라면 누구나 가지는 기본적인 권리인 인권을 보호할 목적으로 만든 비정부 기구예요.
⑤ 국제 앰네스티는 정치적·종교적인 생각을 드러내며 행동했다는 이유로 감옥에 갇힌 사람들이 풀려나도록 노력하고 있어요.

05 이 글은 비정부 기구인 NGO에 대해 설명하고 있어요. 지구촌에서 발생하는 문제를 해결하기 위한 NGO의 대표적인 단체들 중 그린피스, 국경 없는 의사회, 국제 앰네스티의 설립 목적 및 주요 활동을 설명하고 있어요.

어휘를 익혀요

본문 15쪽

01 1 ㄷ 2 ㄴ 3 ㄱ **02** 1 분쟁 2 잠재적 3 구호 **03** 1 예방 2 중단

이런 명언 들어 봤니?

본문 16~17쪽

코칭 Tip 이 글은 카이사르가 한 말인 '주사위는 던져졌다.'라는 명언에 대해 설명하는 글입니다. 카이사르가 '주사위는 던져졌다.'라는 말을 어떤 상황에서 했는지 이해하고, 그 말의 의미와 쓰임을 파악하며 글을 읽을 수 있도록 합니다.

1 주사위에는 1부터 6까지의 숫자가 있다. 이 주사위를 던지면 어떤 숫자가 나올까? 아무도 알 수 없다. 1이 나오면 좋겠는데 6이 나올 때가 있고, 5가 나오면 좋겠는데 3이 나올 때도 있다. 주사위는 손의 힘, 던지는 방향 등에 따라 나오는 숫자가 달라진다. 즉, 『주사위에서 나오는 숫자는 내 마음대로 결정할 수 있는 것이 아니라 주사위가 던져지는 순간의 여러 상황에 의해 결정된다.』 이런 주사위와 관련된 명언이 있다. 바로 옛날 로마의 장군, 율리우스 카이사르가 한 말이다.

『 』: 주사위의 특성 / 이 글의 설명 대상

▶ 던질 때마다 나오는 숫자가 달라지는 주사위

2 카이사르 장군은 오랜 시간 수없이 많은 전쟁을 치렀으며 로마 주변 지역을 정복해 로마의 땅을 넓히기도 했다. 병사들은 점점 그런 카이사르를 믿고 따르게 되었고, 백성들도 카이사르를 좋아했다. 그 당시 로마에는 황제가 없었다. 황제가 나쁜 짓을 일삼아 내쫓아 버렸던 것이다. 대신 귀족 집단인 원로원이 나랏일을 상의하고 결정하였다. 그런데 병사들과 백성들이 점점 카이사르를 따르자 원로원은 마음이 불편했다.

카이사르 장군의 업적 / 백성들에게 큰 인기를 얻게 된 카이사르 / 이유 / 황제의 빈자리를 대신한 원로원 / 원로원이 카이사르를 불편해한 이유

▶ 수많은 전쟁을 치르며 인기가 높아지자 원로원의 미움을 받게 된 카이사르

3 당시 로마에는 장군이 군대를 이끌고 루비콘강을 건너면 안 된다는 법이 있었다. 왜냐하면 군대와 함께 로마에 들어오면 반역을 저지를 수 있기 때문이다. 루비콘강은 로마의 길목으로, 카이사르가 원로원을 따른다는 것을 보여 주려면 군대를 두고 혼자 강을 건너야 했다. 당시 원로원은 카이사르가 황제가 되고 싶어 한다고 의심하고 있었기 때문에 카이사르가 루비콘강을 혼자 건너면 카이사르를 죽이려고 계획하였다. 이 사실을 안 카이사르는 군대를 이끌고 들어가면 반역죄로 죽고, 혼자 들어가면 원로원에 의해 죽을 것이라고 생각했다. 어떤 선택을 해도 죽음을 피하기 어려우리라 생각한 카이사르는 루비콘강을 앞에 두고 고민에 빠졌다. 마침내 카이사르는 마음의 결정을 내리고 군대를 이끌고 루비콘강을 건넜다. 그러면서 "주사위는 던져졌다."라고 말했다.

이유 / 어떤 선택을 해도 죽음을 피하기 어려운 상황에 놓인 카이사르 / 중심 소재 / 카이사르의 결정 / 주사위와 관련된 카이사르의 명언

▶ 군대를 이끌고 루비콘강을 건너며 카이사르가 한 말

4 카이사르는 자신의 앞일을 알 수 없었다. 주사위를 던졌지만 무슨 숫자가 나올지 알 수 없듯이 말이다. 그래서 '주사위는 던져졌다.'라는 말은 '일이 이미 결정되었으니 실행할 수밖에 없다.'라는 뜻으로 쓰인다. 『예를 들어 수학 대회, 축구 대회, 미술 대회 등에 나가기로 했다고 생각해 보자. 이미 나가기로 했으니 열심히 하는 수밖에 없다. 그럴 때 '주사위는 던져졌다.'라는 말을 사용할 수 있다.』 율리우스 카이사르가 남긴 말은 지금도 자주 사용되는 명언이다. 아 참, 군대를 이끌고 루비콘강을 건넌 카이사르는 어떻게 되었을까? 카이사르는 결국 원로원을 없애는 데 성공하여 모든 권력을 혼자 차지하게 되었다고 한다.

'주사위는 던져졌다.'라는 말의 의미 / 『 』: '주사위는 던져졌다.'라는 말을 쓸 수 있는 상황의 예 / 군대를 이끌고 루비콘강을 건넌 카이사르의 결말

▶ '주사위는 던져졌다.'라는 말의 의미

맞힌 개수 ( ) 개
틀린 개수 ( ) 개

글 내용 한눈에 보기

본문 17쪽

1 원로원 2 군대 3 주사위 4 실행

글을 이해해요

본문 18쪽

	자기 평가
01 (내용 이해) ③	O X
02 (내용 이해) ④	O X
03 (내용 추론) ⑤	O X
04 (중심 내용 쓰기) 카이사르의 명언인 '주사위는 던져졌다.'라는 말은 '일이 이미 결정되었으니 실행할 수밖에 없다.'라는 뜻으로 쓰인다.	O X

01 원로원들이 카이사르를 못마땅하게 여긴 이유는 카이사르가 황제의 관심을 독차지해서가 아니라 병사들과 백성들이 그를 점점 따랐기 때문이에요. 또한 당시 로마의 황제는 나쁜 짓을 일삼아 내쫓겼기 때문에 없는 상태였어요.

오답 풀이

① 1문단의 마지막 문장에서 '옛날 로마의 장군, 율리우스 카이사르'라고 했으므로 맞는 내용이에요.
② 2문단에서 카이사르 장군은 많은 전쟁을 치렀으며 로마 주변 지역을 정복해 로마의 땅을 넓혔다고 했어요.
④ 카이사르는 루비콘강 앞에서 군대를 이끌고 들어가면 반역죄로 죽고, 혼자 들어가면 원로원에 의해 죽을 것이라고 생각했어요. 즉 어떤 선택을 해도 죽음을 피하기 어려우리라고 예상한 것이지요.
⑤ 3문단에서 카이사르는 결국 군대를 이끌고 루비콘강을 건넜다고 했어요.

02 주사위에서 나오는 숫자는 내 마음대로 결정할 수 있는 것이 아니라 주사위가 던져지는 순간의 여러 상황에 의해 결정돼요. 즉 주사위를 던졌을 때 무슨 숫자가 나올지 아무도 알 수 없어요. 그래서 '주사위는 던져졌다.'라는 말은 결정한 일의 결과는 알 수가 없고, 일은 이미 결정되었으니 실행할 수밖에 없다는 뜻으로 쓰여요.

03 카이사르는 수많은 전쟁을 이기고 공을 세웠는데, 병사들과 백성들이 그를 믿고 따른다는 이유로 죽을 위기에 처했어요. 그래서 카이사르는 원로원과 전쟁을 하기로 결심하고 군대를 이끌고 강을 건넜어요. 따라서 ㄱ에 담긴 속뜻으로 가장 알맞은 것은 ⑤로 볼 수 있어요.

04 이 글은 카이사르가 군대를 이끌고 루비콘강을 건너면서 한 말인 '주사위는 던져졌다.'의 의미와 쓰임을 설명하고 있어요. 특히 4문단에서는 이 말이 '일이 이미 결정되었으니 실행할 수밖에 없다.'라는 뜻으로 쓰인다고 했어요.

어휘를 익혀요

본문 19쪽

01 1 ㄴ 2 ㄷ 3 ㄱ **02** 1 상의 2 의심 3 정복 **03** 1 앞일 2 실행

04 빛의 마법

본문 20~21쪽

코칭 Tip 이 글은 직진, 반사, 흡수, 굴절, 투과와 같은 빛의 다양한 성질에 대해 설명하는 글입니다. 우리가 물체를 볼 수 있는 이유와 색깔을 구별할 수 있는 이유를, 빛의 성질과 관련하여 이해하며 글을 읽을 수 있도록 합니다.

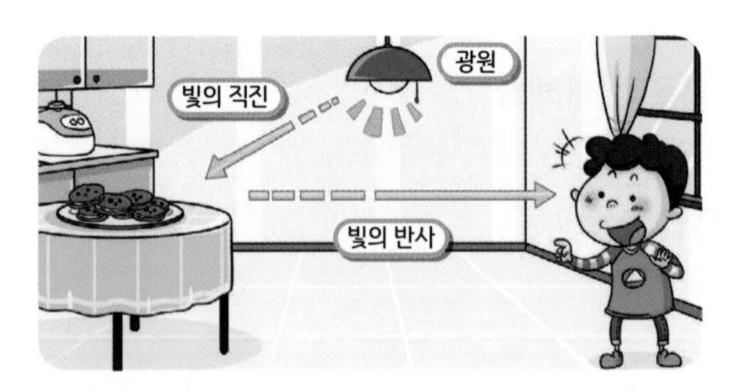

1 우리가 어떤 물체를 보기 위해서는 세 가지 조건이 필요하다. 스스로 빛을 내는 광원이 있어야 하고, 광원에서 나온 빛이 물체에 부딪혀서 반사되어야 하고, 이렇게 반사된 빛이 우리 눈으로 들어와야 한다. 광원에서 나온 빛은 방해물이 없으면 곧게 나아가는데, 이 현상을 빛의 직진이라고 한다. 빛을 가로막는 물체가 있으면 그 물체 뒷면에는 빛이 가서 닿지 않기 때문에 우리는 물체의 뒷면은 볼 수 없다. 빛에는 직진하는 성질 말고도 다양한 성질이 있다.

물체를 보기 위한 조건 ① / 물체를 보기 위한 조건 ② / 물체를 보기 위한 조건 ③ / 중심 소재 / 빛의 성질 1 / 물체의 뒷면을 볼 수 없는 이유

▶ 물체를 보기 위한 세 가지 조건 및 빛의 직진

2 햇빛은 무색처럼 보이지만 사실은 여러 가지 색으로 이루어져 있다. 이렇게 혼합된 색을 구별할 수 있는 것은 빛의 반사 및 흡수와 관련이 있다. 앞서 말했듯이 우리는 빛이 물체에 부딪혀서 튕겨 나오는 현상, 즉 빛의 반사가 있어야만 물체를 볼 수 있다. 색을 보는 것도 마찬가지이다. 어떤 물체가 다른 색의 빛은 모두 흡수하고 특정 색의 빛만 반사하면, 우리 눈에는 반사된 바로 그 색의 빛이 물체의 색으로 보인다. 예를 들어 노란색 꽃은 노란색 빛만 반사하고 나머지 빛은 모두 흡수하기 때문에, 우리 눈에 노란색으로 보이는 것이다. 흰색 물체는 모든 빛을 반사하여 희게 보이고, 검은색 물체는 모든 빛을 흡수하여 검게 보인다. 이렇듯 물체마다 빛에서 반사하거나 흡수하는 색이 다르기 때문에 우리 눈에 물체의 색이 제각기 다르게 보인다.

특정 물체를 볼 수 있게 하고, 그 색깔을 구별할 수 있게 하는 빛의 성질 / 빛의 성질 2 / 빛의 성질 3 / 우리 눈에 물체의 색이 제각기 다르게 보이는 이유

▶ 색을 구별하는 것과 관련된 빛의 반사와 흡수

3 물이 담긴 컵에 빨대를 넣으면 빨대가 꺾인 것처럼 보이거나, 물속에 다리를 넣으면 다리가 짧고 굵게 보이는 것도 빛의 성질 때문이다. 공기 속에서 직진하던 빛은 새로운 물질인 물을 만나면 일부는 반사되거나 흡수된다. 그리고 일부는 그 경계면에서 비스듬하게 꺾여서 물속으로 들어간다. 이렇게 빛이 다른 물질의 경계면에서 꺾이는 현상을 빛의 굴절이라고 한다. 그렇다면 우리가 유리컵에 담긴 빨대를 볼 수 있는 것은 무엇 때문일까? 유리컵이 빛을 통과시키기 때문이다. 빛이 어떤 물질을 통과하는 것을 빛의 투과라고 한다.

굴절(휘거나 꺾인 것처럼 보이게 함), 투과(물속의 대상 자체를 볼 수 있게 함) / 빛의 성질 4 / 이유 / 빛의 성질 5 / 빛(광원)의 직진 및 투과

▶ 물질의 경계면에서 빛이 꺾이거나 빛이 통과하는 것과 관련된 빛의 굴절과 투과

4 『우리가 유리창 밖의 풍경을 볼 수 있는 것도, 빛이 유리창을 통과해서 유리창 밖의 물체들에 반사된 뒤 다시 우리 눈으로 들어오기 때문이다.』 우리 주변에는 유리창처럼 빛을 대부분 통과시키는 투명한 물질도 있고, 색안경, 갈색 유리병, 두꺼운 종이처럼 빛을 조금 통과시키는 반투명한 물질도 있다. 하지만 투명해 보이는 유리컵이나 유리창도 완전히 투명하지는 않다. 대부분의 빛은 투과되지만 반사되는 빛도 있기 때문이다. 이 반사되는 빛 때문에 우리 눈에 유리컵, 유리창이 보이는 것이다.

『 』: 유리창 밖의 풍경을 볼 수 있는 이유 - 물체를 보기 위한 세 가지 조건에 맞음 / 빛의 반사 / 빛이 우리 눈에 들어옴 / 이유

▶ 유리창 밖의 풍경, 유리컵과 유리창을 볼 수 있는 이유

맞힌 개수 ( ) 개
틀린 개수 ( ) 개

글 내용 한눈에 보기

본문 21쪽

1 광원 2 반사 3 방해물 4 굴절 5 투과

글을 이해해요

자기 평가

본문 22쪽

01 (내용 이해)
④

02 (내용 추론)
①

03 (내용 추론)
유리창

04 (중심 내용 쓰기)
우리가 물체를 보고 색깔을 구별할 수 있는 이유는 빛이 직진, 반사, 흡수, 굴절, 투과하는 성질이 있기 때문이다.

01 1문단에서 빛을 가로막는 물체가 있으면 그 물체 뒷면에는 빛이 닿지 않기 때문에 우리는 물체의 뒷면을 볼 수 없다고 했어요.

02 그림에서 빨간색은 빨간색 빛만 반사하고 있어요. 그리고 2문단에서 우리 눈에는 물체에 반사된 바로 그 색의 빛이 물체의 색으로 보인다고 했어요. 따라서 빨간색으로 보이는 물체는 빨간색 빛만 반사한다는 것을 알 수 있어요.

오답 풀이

② 2문단에서 흰색 물체는 모든 빛을 흡수하는 것이 아니라, 반사하여 희게 보인다고 했어요. 이것은 제시된 그림을 통해서도 확인할 수 있어요.
③ 2문단에서 검은색 물체는 모든 빛을 반사하는 것이 아니라, 흡수하여 검게 보인다고 했어요. 이것은 제시된 그림을 통해서도 확인할 수 있어요.
④ 흰색으로 보이는 물체는 모든 빛을 반사시키고, 검은색으로 보이는 물체는 모든 빛을 흡수해요. 빛이 어떤 물질을 통과하는 것을 투과라고 하는데, 이것은 유리컵과 같이 투명한 물질에서 나타나는 현상이에요.
⑤ 검은색으로 보이는 물체는 모든 빛을 흡수하는 성질이 있으므로, 광원이 달라져도 검은색으로 보여요.

03 4문단에서 유리창처럼 빛을 대부분 통과시키는 투명한 물질도 있고, 색안경, 갈색 유리병, 두꺼운 종이처럼 빛을 조금 통과시키는 반투명한 물질도 있다고 했어요. 즉 투명할수록 빛을 더 많이 통과시킨다는 것을 알 수 있어요. 따라서 〈보기〉에 제시된 물체들 중 가장 투명한 물질인 유리창이 빛을 가장 많이 통과시킨다고 할 수 있어요.

04 이 글은 우리가 물체를 볼 수 있는 이유와 색깔을 구별할 수 있는 이유인 빛의 성질에 대해 설명하고 있어요. 빛의 성질에는 직진, 반사, 흡수, 굴절, 투과와 같은 것이 있어요.

어휘를 익혀요

본문 23쪽

01 1 ㄴ 2 ㄷ 3 ㄱ　**02** 1 무색 2 일부 3 성질　**03** 1 혼합 2 통과

05 정홍순 딸의 혼례 이야기

본문 24~25쪽

코칭 Tip 이 글은 조선 정조 때, 명재상으로 이름이 높았던 정홍순의 검소함과 삶의 자세가 잘 드러나는 이야기입니다. 딸의 혼례를 치르는 정홍순의 모습에서 엿볼 수 있는 삶의 태도와 교훈을 파악하며 글을 읽을 수 있도록 합니다.

1 조선 정조 때(시간적 배경), 우의정을 지낸 정홍순(중심인물)이라는 명재상이 살았다. 정홍순은 청렴하기로 방방곡곡에 소문난 인물이었는데, 그에게는 혼례를 앞둔 딸이 있었다. 시간이 흘러 혼례일이 가까워져 오자, 정홍순의 부인은 혼수 준비와 잔치에 쓸 비용이 슬슬 걱정되었다. 그러나 정홍순은 딸의 혼사에는 아무 관심도 없는 양 태평해 보였다. 그의 부인은 애가 탔지만, 말을 꺼낼 기회를 놓치고 시간만 흘러갔다. 마침내 혼례일을 겨우 보름 남긴 어느 날, 부인의 근심(이유: 딸의 혼사가 코앞인데 아무런 준비도 하지 못해서)을 눈치챈 정홍순이 혼례 비용에 대해 물었다.

▶ 딸의 혼례일이 가까워지지만, 정홍순은 아무런 관심도 없이 태평하기만 함

2 "혼수를 마련하려면 돈이 얼마나 들겠소?"

부인은 그간 정홍순이 딸의 혼사에 관심 없어 보였던 것이 서운했지만, 차분하게 대답했다.

"아무래도 팔백 냥은 필요할 거예요."

"그렇군. 그럼 혼례 잔치에는 얼마나 필요하겠소?"

하고 정홍순이 다시 물었다.

(당시 쌀 1섬(=10말=100되≒144kg)이 대략 1냥에 거래되었으므로, 400냥, 800냥은 매우 큰돈이었음)

"적어도 사백 냥은 있어야 하지 않겠어요?"

"알겠소. 내가 늦지 않게 준비해 놓을 테니 아무 걱정하지 마시오."

정홍순은 고개를 끄덕이며 말했고, 부인은 그의 말에(혼례를 위한 준비를 늦지 않게 해 놓겠다는 말) 안심하여 두 번 다시 묻지 않았다.

▶ 부인에게 혼례 비용을 물은 정홍순은 자신이 늦지 않게 준비하겠다고 말함

3 그런데 혼례 전날까지도 주문해 놓겠다던 혼수는 물론이고, 잔치에 쓸 물건까지 하나도 들어오지 않았다. 답답해진 부인(이유: 지체 높은 집안임에도 불구하고 딸의 혼사를 치를 준비를 전혀 하지 못해서)이 이에 대해 묻자, 정홍순은 멋쩍게 웃으며 말했다.

"허허, 거참. 내 분명히 일러두었건만 혼수도, 잔치에 쓸 물건도 보내지 않은 것을 보니, 상인들이 정승인 내게 돈을 받기 곤란해서 그런 듯하오(물건이 오지 않은 이유에 대해 정홍순이 추측한 내용). 『그렇다고 내가 시장 상인들과 다툴 수도 없으니 어쩌겠소. 그냥 집에 있는 것들로 장만하여 치릅시다.』"

(『 』: 매우 다급한 상황임에도 정홍순이 태평한 것으로 보아, 사실은 정홍순이 의도한 상황임을 짐작할 수 있음)

이렇게 딸의 혼례가 끝나자, 정홍순의 사위는 내심 섭섭함이 컸다(이유: 자신과 자신의 집안을 무시한다고 생각해서). 그래서 그는 혼례를 치른 뒤 몇 년이 흐르도록 처가에는 발길도 하지 않았다.

▶ 정홍순은 집에 있는 것들로 딸의 혼례를 치르고, 이에 실망한 사위는 처가에 발길을 끊음

4 그렇게 몇 해가 지난 어느 날, 정홍순은 모처럼 딸과 사위를 집으로 불렀다(사건의 변화가 생길 것임을 짐작할 수 있음). 오랜만에 만나 서로 안부를 물은 뒤, 정홍순은 그들을 데리고 길을 나섰다. 사위는 부루퉁한 얼굴로 장인을 뒤따랐다. 한참을 말없이 걷던 정홍순은 어느 집 앞에서 멈췄다. 거기에는 새로 지은 번듯한 기와집 한 채가 서 있었다. 정홍순은 딸과 사위에게 이렇게 말했다.

"지난날, 너희 혼례에 쓸 비용을 물었더니 천이백 냥이나 들겠다고 하더구나. 『하루의 혼례를 치르자고 그 큰돈을 쓰느니, 혼례는 간소하게 하고 그 돈을 잘 활용하는 편이 낫겠다고 생각했다. 그래서 내가 몇 년간 그 돈을 불려서 이 집을 짓고 또 얼마간의 땅도 사 두었으니, 이만하면 너희가 평생 살아가는 데 굶주리는 일은 없을 것이다."』

(『 』: 허례허식을 줄이고 검소하게 살며 앞날을 대비하는 정홍순의 삶의 자세가 드러남)

비로소 정홍순의 깊은 뜻을 깨달은 사위는 장인에게 큰절을 올렸다.

▶ 정홍순이 딸과 사위를 불러 그간의 사정을 밝히자, 사위가 장인의 깊은 뜻을 깨달음

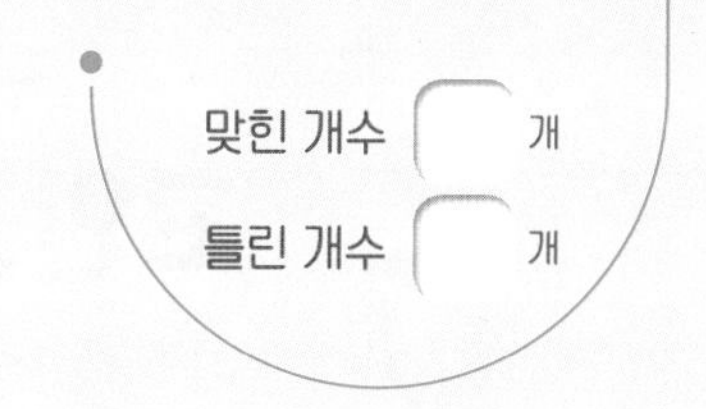

글 내용 한눈에 보기

본문 25쪽

1 혼례일 2 혼례 3 집 4 사위 5 검소

글을 이해해요

본문 26쪽

자기 평가

01 (내용 이해)
1 ○ 2 ×

02 (내용 이해)
④

03 (내용 추론)
④

04 (중심 내용 쓰기)
조선 정조 때의 명재상 정홍순은 딸의 혼례에 쓰일 돈을 절약하여, 훗날 딸과 사위에게 번듯한 기와집과 땅을 장만해 주었다.

01 1 1문단에서 정홍순은 딸의 혼례가 가까워짐에도 불구하고 아무런 관심도 없는 듯 태평한 모습을 보이고 있어요.
2 3문단을 살펴보면 혼례가 끝나고 정홍순에게 섭섭한 마음이 든 인물은 그의 딸이 아니라 사위였음을 알 수 있어요. 그리고 혼례가 끝나고 눈물을 흘린 사람은 아무도 없어요.

02 1, 2문단을 통해 정홍순의 부인은 딸의 혼례 준비가 걱정되었지만, 이 일로 정홍순을 재촉하지 않고 그를 믿고 기다렸다는 것을 알 수 있어요.

오답 풀이
① 1문단에서 확인할 수 있는 내용이에요.
② 3문단에서 확인할 수 있는 내용이에요.
③, ⑤ 2문단에서 확인할 수 있는 내용이에요.

03 4문단으로 보아, 정홍순이 딸의 혼례에 무심한 척했던 것은 혼례에 쓰일 큰돈을 절약하기 위해서였음을 알 수 있어요. 정홍순은 이 돈을 불려 훗날 딸과 사위에게 집과 땅을 장만해 주었지요. 따라서 이 글에 나타난 교훈을 바르게 파악한 것은 ④라고 할 수 있어요.

오답 풀이
① 결혼 준비를 정홍순의 집안에서만 하고 사위가 이에 불만을 갖는 것을 보며 떠올려 볼 수도 있는 생각이지만, 이 글의 교훈과는 관련이 없어요.
② 정홍순의 행동은 사위를 소홀히 대접한 것이라고 볼 수 없어요.
③ 정홍순의 부인은 정홍순의 속마음을 눈치채지 못했어요.
⑤ 혼수와 잔치에 쓸 물건이 혼례일까지 도착하지 않은 이유는 정홍순이 준비를 철저히 하지 않아서가 아니라, 다른 뜻이 있어서 일부러 준비하지 않았기 때문이에요.

04 이 글에서 정홍순은 정승이라는 높은 신분임에도 불구하고, 딸의 혼례를 치르느라 쓰일 큰돈을 절약해서 훗날 딸과 사위에게 집과 땅을 장만해 주었어요.

어휘를 익혀요

본문 27쪽

01 1 ㄷ 2 ㄱ 3 ㄴ **02** 1 태평 2 내심 3 안부 **03** 1 상인 2 정승

고인돌을 아시나요?

본문 28~29쪽

코칭 Tip 이 글은 청동기 시대의 무덤인 고인돌에 대해 설명하는 글입니다. 고인돌의 개념과 기능 및 종류를 이해하고, 우리나라에 분포되어 있는 고인돌의 특징을 파악하며 글을 읽을 수 있도록 합니다.

1 고인돌은 청동기 시대의 대표적인 무덤으로, 지상이나 지하에 시신을 묻는 무덤방을 만들고 그 위에 큰 돌을 얹은 것이다. 그 형태에서 알 수 있듯이 고인돌이라는 이름은 '돌을 고이다.'라는 뜻에서 온 것인데, '고이다'는 기울어지지 않도록 아래를 받친다는 의미이다.

(중심 소재 / 고인돌의 개념 / 고인돌이라는 이름의 유래)

▶ 고인돌의 개념 및 이름의 유래

2 이 거대한 고인돌을 세우려면 오랜 시간과 많은 노동력이 필요하다. 그래서 고인돌은 수많은 사람을 동원할 수 있는 힘을 가진 지배자의 무덤일 것이라고 알려져 있다. 그러나 고인돌은 지배자뿐만 아니라 지배자의 가족들이나 공동체 집단, 또는 전쟁터에서 싸우다 전사한 사람들의 무덤으로도 만들어졌다. 또한 제사를 지내는 제단으로 사용되기도 하였다.

(이유 / 고인돌의 기능 ① / 고인돌의 기능 ②)

▶ 고인돌의 기능

3 고인돌은 형태에 따라 크게 탁자식 고인돌, 바둑판식 고인돌, 개석식 고인돌로 나눌 수 있다. 탁자식 고인돌은 잘 다듬어진 여러 개의 받침돌을 세워 땅 위에 무덤방을 만들고, 그 위에 무덤방을 덮는 평평한 덮개돌을 올린 것이다. 바둑판식 고인돌은 지하에 무덤방을 만들고, 그 주위에 여러 개의 돌을 얹은 뒤 덮개돌을 올린 것이다. 바둑판식 고인돌은 탁자식 고인돌에 비해 받치는 돌이 짧다. 마지막으로 개석식 고인돌은 땅속에 무덤방을 만들고 받침돌 없이 무덤방 위에 커다란 돌을 올려 뚜껑을 덮은 것이다.

(고인돌을 구분하는 기준 / 고인돌의 종류 1 / 탁자식 고인돌의 특징 / 고인돌의 종류 2 / 바둑판식 고인돌의 특징 ① / 바둑판식 고인돌의 특징 ② / 고인돌의 종류 3 / 개석식 고인돌의 특징)

▶ 고인돌의 종류와 특징

▲ 탁자식 고인돌

▲ 바둑판식 고인돌

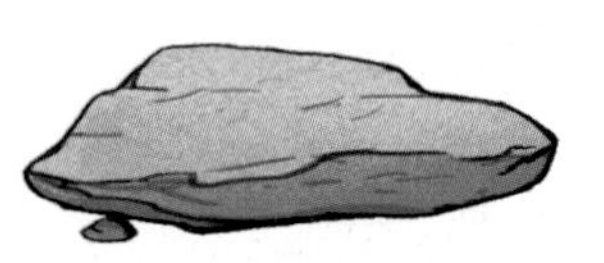
▲ 개석식 고인돌

4 고인돌은 전 세계에 분포해 있는데, 그중 절반 이상이 한반도에 있다. 특히 고창, 화순, 강화 지역의 고인돌은 우리나라는 물론 세계의 다른 어떤 나라보다 높은 밀도로 분포하며, 대부분 원형을 잘 유지하고 있어 보존 상태가 매우 뛰어나다. 이러한 가치를 인정받아 이 지역의 고인돌은 유네스코 세계 문화유산으로 지정되기도 하였다. 한편 제주 지역의 고인돌은 초기의 고인돌보다 발전된 형태를 띠며, 우리나라의 다른 지역에서는 찾아볼 수 없는 특징이 있어 세계적으로 주목받고 있다.

(우리나라의 고인돌이 발견되는 지역 1 / 고창, 화순, 강화 지역 고인돌의 특징 ① / 고창, 화순, 강화 지역 고인돌의 특징 ② / 고창, 화순, 강화 지역 고인돌의 특징 ③ / 우리나라의 고인돌이 발견되는 지역 2 / 제주 지역 고인돌이 세계적으로 주목받는 이유)

▶ 우리나라에서 고인돌이 발견된 지역

5 제주 지역의 고인돌은 우리나라의 고인돌 중 가장 나중에 만들어졌다. 다른 지역의 고인돌이 한 지역에 밀집해 있는 것과 달리, 제주 지역의 고인돌은 대부분 단독으로 자리한다. 또한 무덤방이 땅 위로 노출되어 있고, 덮개돌이 여러 개의 판석으로 둘러싸여 있는 형태의 고인돌도 있는데, 이는 제주 지역에서만 발견되는 독특한 형태이다. 현재 제주에 남아 있는 고인돌의 수는 120여 기로, 그리 많지 않다. 그 이유는 『제주 지역의 고인돌이 주로 현무암으로 만들어진 탓에 다른 지역의 고인돌에 비해 깨지기가 쉬웠고, 고인돌이 있던 지역에 마을이 생기면서 많이 훼손되었기 때문이다.』

(제주 지역 고인돌의 특징 ① / 제주 지역 고인돌의 특징 ② / 『 』: 제주 지역 고인돌의 수가 많지 않은 이유)

▶ 제주 지역 고인돌의 특징

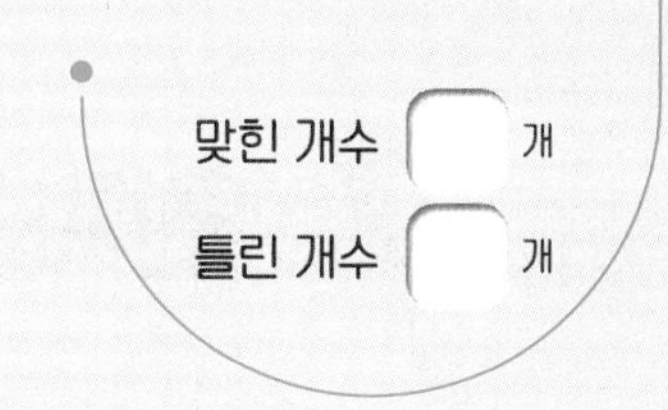

글 내용 한눈에 보기

본문 29쪽

1 돌 2 무덤 3 탁자 4 단독

글을 이해해요

본문 30쪽

자기 평가

01 (내용 이해)
1 × 2 × 3 ○

02 (내용 추론)
④

03 (내용 이해)
1 ㄴ 2 ㄷ 3 ㄱ

04 (내용 이해)
②

05 (중심 내용 쓰기)
고인돌은 지상이나 지하에 시신을 묻는 무덤방을 만들고 그 위에 큰 돌을 얹은 청동기 시대의 무덤으로, 우리나라에서는 고창, 화순, 강화 지역과 제주 지역에 분포해 있다.

01 1 4문단에서 고인돌은 전 세계에 분포해 있다고 했어요.
2 고인돌은 지배자와 지배자의 가족들뿐만 아니라 공동체 집단, 전쟁터에서 전사한 사람들의 무덤으로도 만들어졌어요.
3 고인돌은 제사를 지내는 제단으로 사용되기도 했어요.

02 4문단에서 전 세계 고인돌의 절반 이상이 한반도에 있다고 했어요. 그러나 우리나라에 왜 고인돌이 많은지에 대해서는 설명하지 않았어요.

03 ❶ 개석식 고인돌은 땅속에 무덤방을 만들고 받침돌 없이 무덤방 위에 커다란 돌을 올려 뚜껑을 덮은 것이에요.
❷ 탁자식 고인돌은 여러 개의 받침돌을 세워 땅 위에 무덤방을 만들고, 그 위에 무덤방을 덮는 평평한 덮개돌을 올린 것이에요.
❸ 바둑판식 고인돌은 지하에 무덤방을 만들고 그 주위에 여러 개의 돌을 얹은 뒤 덮개돌을 올린 것으로, 탁자식 고인돌에 비해 받치는 돌이 짧다는 특징이 있어요.

04 4문단에서 제주 지역의 고인돌은 초기의 고인돌보다 발전된 형태를 띤다고 했어요. 그 이유는 5문단을 통해 추측해 볼 수 있어요. 제주 지역의 고인돌은 우리나라의 고인돌 중 가장 나중에 만들어졌기 때문이에요.

오답 풀이
① 제주 지역의 고인돌은 대부분 단독으로 자리해요.
③ 고창, 화순, 강화 지역의 고인돌에 해당돼요.
④ 현재 제주에 남아 있는 고인돌의 수는 그리 많지 않아요.
⑤ 제주 지역의 고인돌은 가장 나중에 만들어졌다고 했어요.

05 이 글은 고인돌의 개념과 기능 및 종류, 우리나라 고인돌의 특징에 대해 설명하고 있어요. 고인돌은 '돌을 고이다.'라는 뜻처럼 무덤방 위에 큰 돌을 얹은 형태의 무덤이에요. 전 세계 고인돌 중 절반 이상이 한반도에 있는데, 우리나라에서는 대표적으로 고창, 화순, 강화 지역과 제주 지역에 분포해 있어요.

어휘를 익혀요

본문 31쪽

01 1 ㄷ 2 ㄴ 3 ㄱ **02** 1 밀집 2 분포 3 동원 **03** 1 단독 2 노출

진짜? 가짜?

본문 32~33쪽

코칭 Tip 이 글은 AR(증강 현실)와 VR(가상 현실)에 대해 설명하는 글입니다. AR와 VR의 개념과 쓰임을 이해하고, 이 둘의 공통점과 차이점을 파악하며 글을 읽을 수 있도록 합니다.

1 '아이언맨'이라는 영화 속 영웅의 이름을 들어 본 적이 있을 것이다. 아이언맨의 헬멧은 헬멧의 화면을 통해 현실 세계는 물론, 그 위로 다양한 그림, 도표 등의 정보를 겹쳐서 보여 준다. 아이언맨은 이 정보를 이용하여 적을 무찌른다. 영화 속에서만 있을 것 같은 이러한 모습을 이제 현실에서도 볼 수 있다. 과학 기술이 발달하면서 책이나 영화에서만 일어날 것 같던 일들을 실제로 경험할 수 있게 된 것이다. 그 대표적인 기술이 AR와 VR이다.

영화 속 AR(증강 현실)의 사례 / 중심 소재

▶ 과학 기술의 발달로 접할 수 있게 된 기술인 AR와 VR

2 AR는 '증강 현실'이라고도 한다. 스마트폰용 게임 중에 현실 세계에 나타나는 괴물을 잡으러 다니는 게임이 있다. 이 게임의 괴물들은 게임 속 배경에 나타나는 것이 아니라 우리가 사는 현실 세계의 모습과 겹쳐서 나타난다. 이처럼 AR는 현실 세계의 실제 모습에 가상의 이미지를 추가하여 보여 주는 기술이다. AR는 현실 세계에 가상 세계의 정보를 더하여 주므로 다양한 분야에서 사용되고 있다. 예를 들어『쇼핑할 때 직접 옷을 입지 않아도 마치 옷을 입은 것처럼 보여 주는 기술이나, 비행기의 조종사가 보는 실제 화면 위에 다양한 정보를 추가하여 보여 주는 장치 등』에 AR가 활용되고 있다.

AR의 개념 / 『 』: AR의 쓰임

▶ 현실 세계에 가상의 이미지를 추가하여 보여 주는 AR(증강 현실)

3 VR는 '가상 현실'이라고도 하는데, VR용으로 특수 제작된 헤드셋을 쓰면 놀라운 가상 세계가 펼쳐진다. 이 가상 세계는 360도 전 방향으로 펼쳐지기 때문에 우리는 완벽하게 새로운 세상을 경험할 수 있다. 이곳에서 우리는 다른 곳으로 이동하기도 하고 물건을 움직이기도 한다. 물론 이것은 진짜가 아닌 가짜 이미지이다. 그렇지만 VR를 이용하여『세계의 유명 문화재가 있는 곳에 가 볼 수 있고, 의학 분야에서 수술 및 해부 연습을 하거나 군사 분야에서 전투기 조종 훈련을 할 수도 있다.』실제로 경험하기엔 너무 멀거나 위험하거나 하는 제약을 뛰어넘을 수 있는 것이다.

VR를 경험하기 위한 장비 / VR는 VR용 특수 헤드셋을 통해 360도 펼쳐지는 완벽한 가상 세계를 보여 주는 것임 / 『 』: VR의 쓰임 / VR의 장점

▶ 가상 세계가 360도로 펼쳐지는 VR(가상 현실)

현실 세계의 실제 모습에 가상의 이미지를 더해서 보여 주지.

▲ AR

VR용 헤드셋을 쓰면 눈앞에 가상의 세계가 펼쳐져.

▲ VR

4 AR와 VR는 둘 다 실제로 존재하지 않는 가상의 이미지를 보여 주는 기술이라는 점에서 유사하다. 다만『AR는 현실 세계의 실제 모습에 가상의 이미지를 추가하는 방식이고, VR는 100% 가상의 이미지로 만든 세상을 보여 준다는 점에서 차이가 있다.』요즘에는 여기서 한발 더 나아가 현실 세계와 가상 세계의 정보를 결합하여 새로운 정보를 보여 주는 MR(혼합 현실)까지 나왔다. AR의 장점인 현실감과 VR의 장점인 몰입도를 모두 경험할 수 있는 기술인 셈이다. AR와 VR, 그리고 MR까지 기술의 세계는 나날이 발전하고 있다.

AR와 VR의 공통점 / 『 』: AR와 VR의 차이점 / AR의 특징 / VR의 특징 / MR의 개념 / AR와 VR의 장점을 모두 살린 MR

▶ AR와 VR의 공통점과 차이점 및 AR와 VR의 장점을 모두 살린 기술인 MR

맞힌 개수 [ ] 개
틀린 개수 [ ] 개

글 내용 한눈에 보기

본문 33쪽

1 증강 2 현실 3 가상 4 수술 5 가상

글을 이해해요

본문 34쪽

자기 평가

01 (내용 이해)
1 VR, AR 2 실제 모습

02 (내용 이해)
③

03 (내용 추론)
③

04 (내용 추론)
②

05 (중심 내용 쓰기)
'증강 현실'인 AR는 현실 세계의 실제 모습에 가상의 이미지를 추가하여(겹쳐) 보여 주는 것이고, '가상 현실'인 VR는 360도 전 방향으로 가상 세계를 보여 주는 것이다.

01 1 AR와 VR는 둘 다 가상의 이미지를 보여 준다는 점에서 유사하지만, AR는 현실 세계의 실제 모습에 가상의 이미지를 추가하는 방식이라는 점에서 100%의 가상의 이미지를 보여 주는 VR와 차이점이 있어요.
2 AR와 VR의 차이점은 현실 세계의 실제 모습이 바탕이 되는지 여부예요. 현실 세계의 실제 모습이 바탕이 되는 것은 AR, 그렇지 않은 것은 VR이에요.

02 2문단에서 AR는 현실 세계의 실제 모습에 가상의 이미지를 추가하여 보여 주는 기술이라고 설명하고 있어요. 가상의 이미지로 만든 여러 장소를 다닐 수 있는 것은 VR예요.

오답 풀이
① 4문단에서 AR와 VR는 둘 다 가상의 이미지를 보여 주는 기술이라는 점에서 유사하다고 했어요.
② VR는 VR용 특수 헤드셋을 통해 360도로 펼쳐지는 완벽한 가상 세계를 볼 수 있는 기술이에요.
④, ⑤ 4문단에서 MR는 현실 세계와 가상 세계의 정보를 결합하여 새로운 정보를 보여 주는 것으로, AR의 장점인 현실감과 VR의 장점인 몰입도를 모두 경험할 수 있는 기술이라고 했어요.

03 이 글은 AR(증강 현실)와 VR(가상 현실)의 개념과 특징을 설명하고 있어요. 이러한 내용을 가장 잘 드러낸 제목은 ③이에요.

04 AR는 현실 세계에 가상의 이미지를 추가하여 보여 주는 기술이에요. 그런데 ②는 현실 세계의 실제 모습이 없이 가상의 이미지만을 보여 주는 것이에요.

05 이 글은 과학 기술의 발달로 접하게 된 AR와 VR에 대해 설명하고 있어요. AR는 현실 세계의 실제 모습 위에 가상의 이미지를 추가하여 보여 주는 것이고, VR는 실제 모습 없이 가상의 이미지만을 보여 주는 것이에요.

어휘를 익혀요

본문 35쪽

01 1 ㄴ 2 ㄱ 3 ㄷ **02** 1 배경 2 유명 3 분야 **03** 1 경험 2 유사

나무의 꿈, 종이의 꿈

본문 36~37쪽

코칭 Tip 이 글은 자연을 파괴하여 얻는 일반 종이 대신, 폐지를 재활용하여 만든 재생 종이를 사용하자고 주장하는 글입니다. 종이를 만들기 위해 파괴되는 자연에 대해 살펴보고, 재생 종이 사용의 장점과 필요성을 이해하며 글을 읽을 수 있도록 합니다.

1 990만 톤, 2억 9천만 킬로그램, 260억 개, 129억 건. 이 숫자들은 모두 종이와 관련이 있다. 『우리나라에서 1년 동안 사용하는 종이의 양은 모두 990만 톤이다. 그중 복사 종이로는 약 2억 9천만 킬로그램을, 종이컵으로는 약 260억 개를 쓰고 있다. 종이 영수증 발행 건수도 129억 건에 달한다.』 이 외에도 포장지, 택배 상자 등 일상생활에서 사용하는 종이는 셀 수 없이 많다. 그렇다면 이렇게 많은 종이는 어디에서 오는 것일까?

- 글의 처음에 숫자를 나열하여 독자의 호기심을 불러일으킴
- 중심 소재
- 『 』: 우리가 1년 동안 사용하는 종이의 양
- 2문단의 중심 내용
- ▶ 우리가 1년 동안 사용하는 종이의 양

2 종이는 나무에서 얻은 펄프라는 원료로 만드는데, 『종이 1톤을 만들기 위해서는 지름 20센티미터, 높이 12미터 나무를 기준으로 24그루가 필요하다.』 종이를 만들기 위해 필요한 것은 나무뿐만이 아니다. 펄프를 종이로 만드는 과정에서 많은 물과 에너지, 화학 물질이 쓰인다. 그리고 종이를 만들면서 대기를 오염하는 이산화 탄소 등의 가스와 각종 폐기물이 나오기도 한다. 결국 종이는 자연을 파괴하여 얻은 물건인 것이다.

- 종이의 원료
- 『 』: 종이를 만들기 위해 파괴되는 자연 ① - 나무를 많이 베어야 함
- 종이를 만들기 위해 파괴되는 자연 ②
- 종이를 만들기 위해 파괴되는 자연 ③
- ▶ 종이를 만드는 과정에서 파괴되는 자연

3 살아가면서 종이를 사용하지 않을 수는 없다. 그렇다면 어떻게 해야 보다 나은 방법으로 종이를 사용할 수 있을까? 이러한 고민 끝에 재생 종이가 탄생했다. 재생 종이란 사용하고 버려진 종이를 녹여서 다시 새 종이로 만든 것이다. 재생 종이는 폐지를 주로 사용하여 만들기 때문에 나무를 적게 베어도 된다. 또한 종이를 만드는 과정에서 일반 종이보다 물과 에너지가 적게 들고, 오염 물질도 적게 나온다. 그래서 『우리가 1년 동안 사용하는 복사 종이 중에서 10퍼센트만 재생 종이로 바꾸어도 해마다 나무 27만 그루를 살릴 수 있고, 자동차 5천 대가 1년 동안 내뿜는 만큼의 이산화 탄소를 줄일 수 있다.』

- 3문단의 중심 내용
- 더 나은 방법으로 종이를 사용하기 위한 방법
- 재생 종이의 개념
- 재생 종이의 장점 ①
- 재생 종이의 장점 ②
- 『 』: 재생 종이의 사용으로 보호할 수 있는 자연
- ▶ 일반 종이에 비해 자원이 적게 들고 환경 오염도 적은 재생 종이

4 재생 종이가 일반 종이에 비해서 품질이 떨어지며, 재생 종이를 만들 때 화학 물질을 더 사용한다고 생각하는 사람도 있다. 하지만 기술이 발전하면서 일반 종이의 품질과 크게 차이 나지 않는 질 좋은 재생 종이를 만들 수 있게 되었다. 복사 종이를 비롯해서 공책, 화장지, 영수증, 책까지 재생 종이의 쓰임은 점점 늘어나고 있다. 또한, 재생 종이에는 색깔을 하얗게 만들기 위해 사용되는 해로운 화학 물질이 일반 종이보다 훨씬 덜 들어 있다. 그렇기 때문에 눈의 피로를 줄여 주고 화학 물질 사용량도 줄일 수 있다는 장점이 있다. 무엇보다 재생 종이는 자연의 파괴를 막고 환경을 살리는 종이이다. 재생 종이로 만든 제품을 사용하는 우리의 작은 노력이 모여 환경을 지키는 큰 변화로 이어질 것이다.

- 재생 종이에 대한 오해
- 쓰임이 확장된 재생 종이
- 재생 종이의 장점 ③
- 재생 종이의 사용을 당부함
- ▶ 재생 종이의 우수한 품질 및 재생 종이를 사용하자는 당부

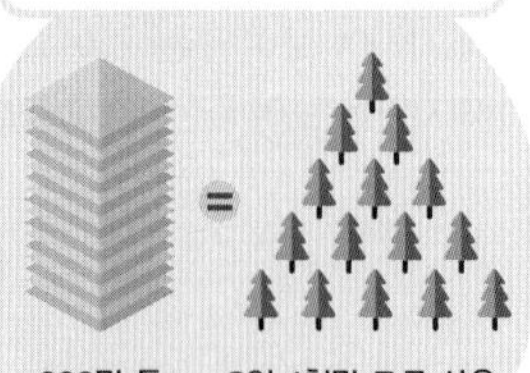

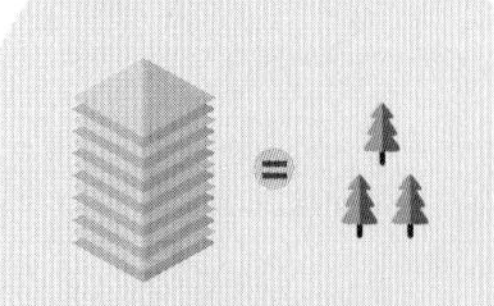

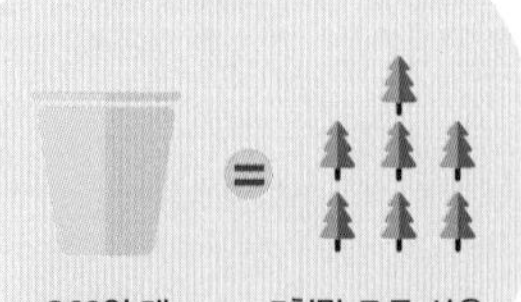

맞힌 개수 ( ) 개
틀린 개수 ( ) 개

글 내용 한눈에 보기

본문 37쪽

1 에너지 2 재생 종이 3 나무 4 물

글을 이해해요

본문 38쪽

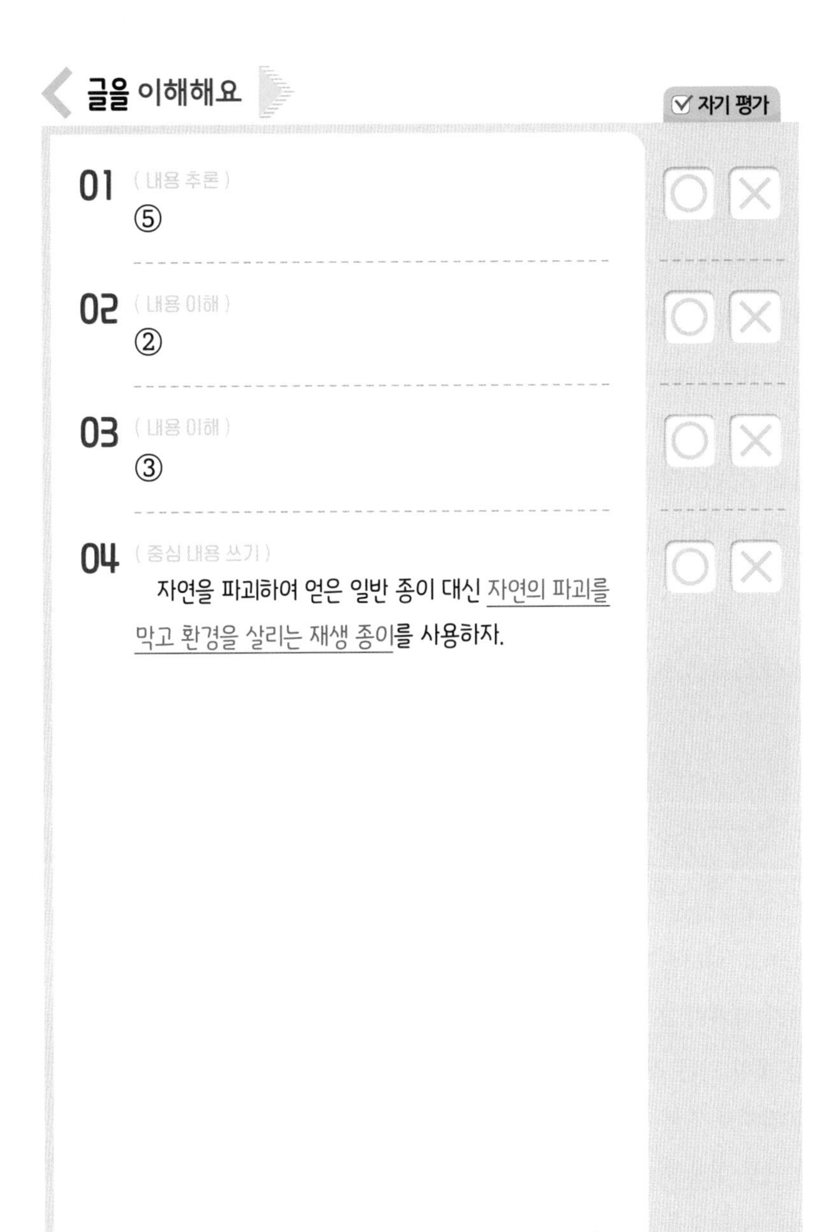

자기 평가

01 (내용 추론)
⑤

02 (내용 이해)
②

03 (내용 이해)
③

04 (중심 내용 쓰기)
자연을 파괴하여 얻은 일반 종이 대신 자연의 파괴를 막고 환경을 살리는 재생 종이를 사용하자.

01 1문단에서 1년 종이 소비량은 990만 톤이고, 2문단에서 종이 1톤을 만들기 위해서는 나무 24그루가 필요하다고 했어요. 따라서 1년 나무 소비량은 7백만 그루가 아니라, 약 2억 4천만 그루(990만 톤 X 24 그루)임을 추측할 수 있어요.

02 3문단과 4문단에서는 재생 종이의 장점에 대해 설명하고 있어요. 재생 종이에는 화학 물질이 일반 종이보다 훨씬 덜 들어 있다고 했어요.

오답 풀이
① 4문단에서 재생 종이는 자연의 파괴를 막고 환경을 살리는 종이라고 했어요.
③ 3문단에서 재생 종이는 사용하고 버려진 종이를 녹여서 다시 새 종이로 만든 것이라고 했어요.
④, ⑤ 3문단에서 재생 종이는 만드는 과정에서 일반 종이보다 물과 에너지가 적게 들고, 오염 물질도 적게 나온다고 했어요.

03 재생 종이의 쓰임에 대한 구체적인 예는 4문단에 제시되어 있어요. 4문단에서 재생 종이가 복사 종이를 비롯해서 공책, 화장지, 영수증, 책까지 쓰인다고 했어요. 그러나 물티슈는 그 예로 제시하지 않았어요.

04 글쓴이는 종이를 만들기 위해 파괴되는 자연에 대해 이야기하며, 재생 종이 사용의 필요성을 주장하고 있어요.

이럴 땐 이렇게! 주장하는 글에서 주장을 찾을 때에는 일부의 내용이 아니라 글 전체의 내용을 요약할 수 있는 것을 찾아야 해요.

어휘를 익혀요

본문 39쪽

01 1 ㄴ 2 ㄷ 3 ㄱ　02 1 장점 2 파괴 3 피로　03 1 발행 2 오염

뱅글뱅글, 어떤 팽이를 돌려 볼까?

본문 40~41쪽

코칭 Tip 이 글은 팽이의 의미와 팽이의 여러 가지 이름, 그리고 팽이의 종류와 함께 팽이로 즐길 수 있는 놀이인 팽이 싸움에 대해 설명하는 글입니다. 팽이의 종류를 구분하는 기준을 파악하고, 각 팽이의 특징을 이해하며 글을 읽을 수 있도록 합니다.

1 팽이치기는 얼음판이나 땅 위에서 팽이를 돌리며 노는, 대표적인 겨울철 민속놀이이다. 팽이치기가 언제부터 우리나라에서 시작되었는지는 정확히 알 수 없지만, 삼국 시대에도 널리 유행했을 만큼 오랜 시간 동안 전통을 이어 온 놀이로 알려져 있다. 팽이치기를 하기 위해 꼭 필요한 팽이는 '팽팽 도는 것'이라는 뜻인데, 지역에 따라 부르는 이름이 다르다. 『경상도에서는 '뺑이' 또는 '핑딩', 전라도에서는 '뺑돌이', 제주도에서는 '도래기' 등으로 불리고, 북한의 평안도에서는 '서리', '세리', 함경도에서는 '봉애', '방애' 등으로 불린다.』

▶ 팽이치기의 개념과 팽이의 여러 가지 이름

: 다양한 팽이들의 예

2 팽이는 주로 나무를 깎아서 만드는데, 그 생김새에 따라 종류가 다양하다. 말팽이는 거꾸로 세워 놓은 모양이 쌀의 양을 재는 도구인 '말'과 비슷하게 생겼다고 하여 붙인 이름인데, 윗부분은 원기둥 모양으로, 아랫부분은 원뿔 모양으로 뾰족하게 깎은 것이다. 장구팽이는 일명 활팽이라고도 하는데, 팽이의 허리 부분은 원기둥 모양으로, 위아래 부분은 모두 원뿔 모양으로 뾰족하게 깎은 팽이이다. 이 팽이는 양옆을 다 칠 수 있는 장구처럼, 위아래 구별 없이 돌릴 수 있다는 의미에서 장구팽이라고 불린다. 줄팽이는 말팽이와 형태가 비슷하지만 팽이의 허리가 길고 허리에 오목하게 줄을 낸 것이 다르다.

▶ 팽이의 종류 ①: 생김새에 따른 팽이

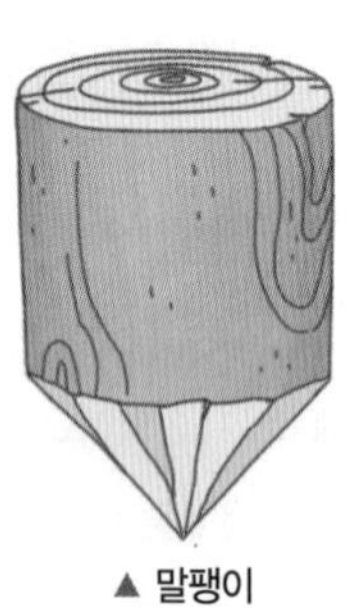

▲ 말팽이

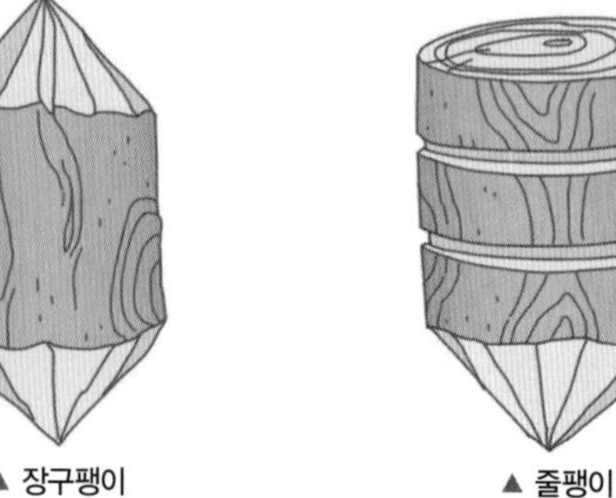

▲ 장구팽이 ▲ 줄팽이

3 일반적으로 팽이는 『팽이채로 팽이의 몸통을 치거나, 팽이를 끈으로 감았다가 풀면서 돌린다.』 그러나 팽이채나 끈을 쓰지 않고 돌리는 팽이도 있다. 바가지팽이는 『깨진 바가지 조각을 손바닥 크기로 둥글게 깎은 다음 가운데에 작은 구멍을 뚫어 그 구멍에다 끝을 뾰족하게 깎은 나무를 꽂아 만든 것』이다. 『가운데 박아 둔 나무 심을 두 손바닥 사이에 끼우고 힘껏 비비면서 바닥에 놓거나, 한 손의 엄지와 검지로 잡아 비비면서 돌린다.』 이 밖에도 상수리나무 열매에다 막대를 끼워 만든 상수리팽이와 팽이의 몸통 위아래에 나무 심을 박아 만든 뺑오리도 팽이채나 끈을 쓰지 않고 돌린다.

▶ 팽이의 종류 ②: 팽이채나 끈을 쓰지 않는 팽이

4 이처럼 팽이의 모양은 제각각이지만, 어떤 팽이든지 균형을 잘 잡고 보기 좋게 깎인 것이어야 팽이가 오래 돌아가며 보는 맛도 있다. 그래서 어린아이들은 잘 돌면서도 멋진 모양을 가진 팽이를 만들기 위해 애를 썼다. 그리고 열심히 만든 팽이를 돌리면서 팽이 싸움을 했다. 일정한 시간 동안 팽이를 힘껏 돌린 뒤에 어느 쪽이 더 오래 도는지, 출발점에서 어느 지점까지 팽이를 누가 빨리 몰고 돌아오는지, 돌고 있는 팽이를 상대 팽이의 몸통에 번갈아 가며 밀어 부딪게 하고 어느 쪽이 오래 도는지 등을 겨루는 것이다. 이때 팽이가 돌면 '살았다.', 멈추면 '죽었다.'라고 한다.

▶ 팽이 싸움의 방법

맞힌 개수 개
틀린 개수 개

글 내용 한눈에 보기

본문 41쪽

1 팽팽 2 생김새 3 뺑오리 4 팽이 싸움

글을 이해해요

자기 평가

본문 42쪽

01 (내용 이해)
②

02 (내용 추론)
수현

03 (내용 이해)
②

04 (중심 내용 쓰기)
팽이는 '팽팽 도는 것'이라는 뜻으로, 그 종류는 생김새에 따른 팽이와 팽이채나 끈을 쓰지 않(고 돌리)는 팽이로 나눌 수 있다.

01 팽이는 보통 팽이채나 끈을 이용하여 돌리지만 팽이채나 끈을 쓰지 않는 팽이도 있다고 했어요. 바가지팽이, 상수리팽이, 뺑오리가 바로 이에 해당해요.

02 4문단의 마지막 문장에서 팽이가 돌면 '살았다.', 팽이가 멈추면 '죽었다.'라고 한다고 했어요.

오답 풀이
- 서준: 팽이는 주로 나무를 깎아서 만들지만, 깨진 바가지 조각으로 만드는 바가지팽이, 상수리나무 열매로 만드는 상수리팽이와 같이 나무 외의 재료로도 팽이를 만들어요.
- 가연: 4문단에서는 어떤 팽이든지 균형을 잘 잡고 보기 좋게 깎인 것이어야 팽이가 오래 돌아가며 보는 맛이 있다고 했어요. 팽이 싸움에서 이기려면 멈추지 않고 더 오래 돌아야 하므로, 균형을 잘 잡는 팽이여야 이길 수 있어요.

03 2문단에서 줄팽이는 팽이의 허리가 길고 허리에 오목하게 줄을 낸 것이라고 했어요.

오답 풀이
① 말팽이는 거꾸로 세워 놓은 모양이 쌀의 양을 재는 도구인 '말'과 비슷하게 생겼다고 하여 붙인 이름이에요. 활팽이라고 부르는 것은 말팽이가 아니라 장구팽이예요.
③ 말팽이와 비슷한 형태를 하고 있는 것은 줄팽이예요.
④ 상수리팽이는 상수리나무의 열매로 만든 팽이예요. 바가지 조각으로 만드는 팽이는 바가지팽이예요.
⑤ 뺑오리는 팽이의 몸통 위아래에 나무 심을 박아 만든 것이에요. 팽이의 위아래 부분을 모두 원뿔 모양으로 깎은 것은 장구팽이예요.

04 이 글은 팽이의 의미와 팽이의 여러 가지 이름, 그리고 팽이의 종류 등을 설명하고 있어요. 특히 이 글에서는 팽이의 종류를 생김새에 따른 팽이와, 팽이채나 끈을 쓰지 않고 돌리는 팽이로 나누어 설명했어요.

어휘를 익혀요

본문 43쪽

01 1 ㄴ 2 ㄱ 3 ㄷ **02** 1 형태 2 겨루 3 오목 **03** 1 균형 2 전통

10 바보 의사 장기려

본문 44~45쪽

코칭 Tip 이 글은 가난한 환자들을 위해 평생을 바친 의사 장기려의 일대기를 다룬 전기문입니다. 장기려의 업적과 장기려에게 본받을 점을 생각하며 글을 읽을 수 있도록 합니다.

1 소년 시절부터 의사가 되겠다는 꿈을 키워 온 장기려는 이를 이루기 위해 노력했다. 마침내 꿈을 이뤄 경성 의학전문학교에 입학했지만, 넉넉하지 않은 집안 형편 때문에 그는 공부하는 내내 어려움을 겪어야 했다. 『어려운 형편에서 공부를 마친 장기려는 돈이 없어서 의사의 진료를 받지 못하는 사람들을 위해 평생을 바치겠다고 다짐했다. 그래서 그는 좋은 자리를 마다하고 가난한 환자들이 많은 평양의 기홀 병원에서 외과 의사로 일하기 시작했다.』

중심 소재 / 의사가 되겠다는 꿈 / 시대적 배경 ①: 일제 강점기 / 가난한 집안 형편 때문에 학창 시절 어려움을 겪음 / 『 』: 자신의 어려웠던 경험을 밑거름 삼아, 가난한 사람들을 위해 의사로서 평생을 바치겠다고 결심하고 이를 실천함

▶ 의사가 되겠다는 꿈을 이룬 장기려는 가난한 환자들을 위해 평생을 바치기로 다짐함

2 육이오 전쟁이 일어나자 장기려는 피란길에 올라 부산에 도착했다. 다친 사람들을 모른 척할 수 없었던 그는 창고를 빌려 병원을 세우고 무료로 피란민을 치료해 주었다. 많은 환자를 치료하는 것은 몹시 힘든 일이었다. 하지만 장기려는 얼마 안 되는 월급조차 병원 운영비로 썼다. 『생활은 넉넉하지 않았지만, 그는 가난한 사람들을 위해 일했던 이때가 가장 행복했다고 했다. 가난한 사람들을 위해 평생을 바치겠다는 다짐을 지킬 수 있었기 때문이다. 자신의 이익은 따지지 않고 오직 가난한 사람을 위해 무료로 치료해 주는 그를 보고 사람들은 '바보 의사'라고 불렀다.』

시대적 배경 ②: 해방 후, 한국 전쟁 시기 / 전쟁으로 인한 피란 생활 중에도 피란민들을 무료로 치료해 줌 / 자신의 이익은 따지지 않고 오직 가난한 사람들을 위해 헌신함 / 『 』: 가난한 사람들을 위해 의사로서 평생을 바치겠다던 자신의 결심을 몸소 실천하며 '바보 의사'라고 불림

▶ 부산으로 피란을 온 장기려는 무료로 피란민들을 치료하며 바보 의사라고 불림

3 병원이 커지자 더 이상 무료 진료는 불가능해졌지만, 장기려는 여전히 가난한 사람들을 정성껏 치료해 주고, 치료비도 깎아 주었다. 장기려의 바보 같은 선행도 계속되었다. 『치료비가 없어 치료를 받지 못하는 환자는 자신의 월급으로 치료해 주었다. 가난한 환자에게 써 준 그의 처방전에는 '이 환자에게 닭 두 마리를 살 돈을 주시오.'라고 적혀 있기도 했다. 한번은 치료비를 내지 못해 퇴원을 하지 못하는 환자에게 "그냥 도망가시오. 내가 밤에 병원 뒷문을 살짝 열어 놓을 테니." 하고 환자의 편을 들어 준 적도 있었다.』 이런 희생과 봉사 정신은 그의 겸손한 마음에서 나왔다. 장기려는 입버릇처럼 자신은 가진 것이 많기 때문에 나누는 것뿐이라고 말했다.

『 』: 세월이 흘러도 변치 않는 장기려의 희생과 봉사 정신이 나타나는 일화(사례) / 환자를 진심으로 걱정하는 장기려의 마음이 드러나는 말 / 장기려에게 본받을 점 / 장기려의 겸손한 마음이 드러남

▶ 장기려는 치료비가 없는 환자를 위해 월급을 내놓기도 하고 환자를 몰래 도망가게 하기도 함

4 장기려는 1979년에 아시아의 노벨상이라고 불리는 막사이사이 사회봉사상을 수상했다. 장기려는 이 소식을 듣고 깜짝 놀랐다. 자신이 이렇게 큰 상을 받을 자격이 있는 것일까 고민하던 장기려는 받은 상금 전부를 의료 기구를 사는 데 쓰기로 했다. 사람들은 그를 돈과 명예에는 관심이 없고 바보처럼 오직 환자와 평화만을 생각하는 사람이라고 말한다. 장기려는 1995년 죽을 때까지 환자만을 생각하는 삶을 살았으며, 자신의 선택을 한 번도 후회하지 않았다.

장기려의 희생과 봉사 정신이 세계에 알려짐 / 장기려에 대한 사람들의 평가 / 평생 자신이 살고자 했던 헌신하는 의사로서의 삶을 지킴

▶ 막사이사이 사회봉사상을 받기도 한 장기려는 평생 환자만을 생각하는 삶을 살았음

맞힌 개수 ( ) 개
틀린 개수 ( ) 개

글 내용 한눈에 보기

본문 45쪽

1 의사 2 피란민 3 돈 4 의료

글을 이해해요

본문 46쪽

자기 평가

01 (내용 이해)
1 의사 2 막사이사이

02 (내용 추론)
③

03 (내용 이해)
①

04 (중심 내용 쓰기)
장기려는 돈과 명예에는 관심이 없고 바보처럼 오직 환자와 평화만을 생각하는 사람이었다.

01 1문단을 통해 장기려가 어렸을 때부터 의사가 되고 싶어 했음을 알 수 있고, 나머지 문단에서 실제로 의사의 꿈을 이뤘다는 것을 알 수 있어요. 또한 4문단에서 장기려가 막사이사이 사회봉사상을 탔다는 것을 알 수 있어요.

02 의사 장기려는 돈이 없어 치료를 받지 못하는 사람들을 안타까워하며 평생을 이들을 치료하기 위해 애쓰신 분이에요. 따라서 ③처럼 많은 환자들을 치료하기보다는 위독한 환자를 살리는 데 집중한 의사라고 평가한 것은 적절한 평가라고 볼 수 없어요.

오답 풀이

① 4문단에서 장기려에 대해 '돈과 명예에는 관심이 없고 바보처럼 오직 환자와 평화만을 생각하는 사람'이라고 했어요.
② 장기려는 자신의 어려웠던 경험을 밑거름 삼아 가난한 사람들을 위해 의사로서 평생을 바치겠다고 결심했고, 이를 죽는 날까지 실천했어요.
④ 장기려는 막사이사이 사회봉사상의 수상 소식에 자신이 이렇게 큰 상을 받을 자격이 있는 것일까 고민했어요.
⑤ 장기려는 치료비가 없어 치료를 받지 못하는 환자를 자신의 월급으로 치료해 주거나, 치료비를 내지 못해 퇴원하지 못하는 환자에게 도망가라고 하는 등 가난한 사람도 치료를 받을 수 있게 애를 썼어요.

03 ㄱ의 '바보 의사'는 자신의 생활도 넉넉하지 않으면서, 돈을 받지 않고 환자를 치료해 주었기 때문에 붙은 별명이에요. ①은 이러한 모습과는 관련이 없는 행동이에요.

04 죽을 때까지 환자만 생각하는 삶을 살았던 장기려에 대해 사람들은 '돈과 명예에는 관심이 없고 바보처럼 오직 환자와 평화만을 생각하는 사람'이라고 평가했어요.

어휘를 익혀요

본문 47쪽

01 1 ㄱ 2 ㄷ 3 ㄴ **02** 1 마다 2 피란민 3 평생 **03** 1 희생 2 이익

11 공룡을 만나요

본문 48~49쪽

코칭 Tip 이 글은 널리 알려진 세 종류의 공룡에 대해 설명하는 글입니다. 티라노사우루스, 브라키오사우루스, 부경고사우루스의 종류와 특징을 파악하며 글을 읽을 수 있도록 합니다.

1 공룡은 영어로 '디노사우르(dinosaur)'라고 한다. 『그리스어로 '무서운'이라는 뜻의 '다이노스'와 '도마뱀'이라는 뜻의 '사우루스'를 합쳐서 지은 것』이다. 『공룡은 크기와 생김새가 무척 다양하지만, 엉덩이뼈의 모양을 기준으로 해서 도마뱀을 닮은 공룡(용반목)과 새를 닮은 공룡(조반목)으로 나눈다. 도마뱀을 닮은 공룡은 다시 네 발로 걷는 용각류 공룡과 두 발로 걷는 수각류 공룡으로 나누는데, 대체로 용각류 공룡에는 초식 공룡이 많고 수각류 공룡에는 육식 공룡이 많다.』

▶ '디노사우르'라는 명칭의 유래 및 공룡을 나누는 기준과 종류

2 공룡 중에서 사람들에게 가장 널리 알려진 것은 '티라노사우루스'일 것이다. 티라노사우루스는 몸길이가 10~15미터이고, 몸무게가 5~9톤 내외인 몸집이 아주 큰 공룡으로, 공룡 중 가장 난폭하다고 알려져 있다. 티라노사우루스는 두 발로 다니는 수각류 공룡으로, 매우 강한 뒷발을 이용해 빠르게 움직일 수 있었다. 티라노사우루스의 또 다른 특징은 입이 엄청나게 크다는 것이다. 입으로 무는 힘도 매우 세서 먹잇감을 한번 물면 놓치는 법이 없었다. 그러니 육식 공룡인 티라노사우루스를 다른 공룡들이 무서워하지 않았을까?

▶ 공룡 중에서 가장 널리 알려진 수각류 공룡인 티라노사우루스의 특징

3 '브라키오사우루스'는 지금까지의 육지 동물 중에서 가장 크다. 몸길이가 25~30미터이고, 몸무게는 50~80톤에 달한다. 현재 육지에서 제일 큰 동물인 코끼리는 크기가 3미터, 무게가 3톤이니 브라키오사우루스의 몸집이 얼마나 큰지 짐작해 볼 수 있다. 브라키오사우루스는 초식 공룡이며 네 발로 걷는 용각류 공룡에 속한다. 앞발이 뒷발보다 길며, 목과 꼬리는 길게 뻗어 있다. 신기하게도 콧구멍이 머리 위에 있는데, 그 이유는 아직 밝혀지지 않았다.

▶ 용각류 공룡이자, 육지 동물 중 가장 큰 브라키오사우루스의 특징

4 우리나라에서 발견된 공룡도 있다. 바로 '부경고사우루스'라고 불리는 공룡으로, 경남 하동 지역에서 발견되었다. 부경고사우루스는 용각류 공룡에 속하며 몸길이 15~20미터, 몸무게 20톤 내외의 대형 공룡이다. 우리나라에서 발견된 공룡 중에서 새로운 종으로 인정된 첫 번째 공룡이자, 우리나라에 공룡이 많이 살았다는 증거이기도 하다. 우리나라의 남해안 지역에서는 부경고사우루스를 포함하여 공룡 발자국 흔적만 1만 개가 넘게 발견되었다. 그리하여 이 지역은 현재 세계 3대 공룡 발자국 화석 지역으로 인정받고 있다.

▶ 우리나라에서 발견된 부경고사우루스와 공룡 발자국 흔적

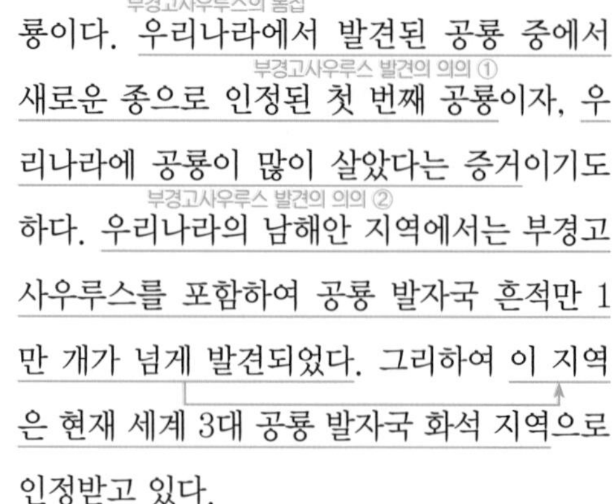

맞힌 개수 ( ) 개
틀린 개수 ( ) 개

글 내용 한눈에 보기

본문 49쪽

1 새 2 난폭 3 콧구멍 4 용각류 5 공룡

글을 이해해요

자기 평가

본문 50쪽

01 (내용 이해)
1 ○ 2 ×

02 (내용 이해)
⑤

03 (내용 이해)
①

04 (내용 이해)
②

05 (중심 내용 쓰기)
티라노사우루스는 공룡 중 가장 난폭한 공룡이고, 브라키오사우루스는 육지 동물 중 가장 큰 공룡이며, 부경고사우루스는 우리나라에서 발견된 공룡 중에서 새로운 종으로 인정된 첫 번째 공룡이다.

01 1 1문단에서 공룡은 엉덩이뼈의 모양을 기준으로 해서 도마뱀을 닮은 공룡(용반목)과 새를 닮은 공룡(조반목)으로 나눈다고 했어요.
2 1문단에서 대체로 용각류 공룡에는 초식 공룡이 많고, 수각류 공룡에는 육식 공룡이 많다고 했어요.

02 4문단에서 아주 오래 전에 우리나라에 공룡들이 많이 살았다는 사실을 뒷받침하는 근거를 제시하고 있어요. 우리나라의 남해안에서는 공룡의 뼈 화석이 아니라, 발자국 화석이 많이 발견되었어요. 그래서 이 지역은 현재 세계 3대 공룡 발자국 화석 지역으로 인정받고 있어요.

03 2문단에서 티라노사우루스는 두 발로 걸으며 아주 난폭한 공룡이라고 설명하고 있어요.

오답 풀이
② 티라노사우루스는 입이 엄청나게 크다는 특징이 있어요.
③, ④ 목과 꼬리가 길게 뻗어 있고, 주로 풀을 먹는 초식 공룡인 것은 브라키오사우루스예요.
⑤ 티라노사우루스는 앞발이 아니라, 매우 강한 뒷발을 이용해 빠르게 움직일 수 있었어요.

04 3문단을 보면 머리 위에 콧구멍이 있는 것은 부경고사우루스가 아니라 브라키오사우루스라는 것을 알 수 있어요. 브라키오사우루스는 콧구멍이 머리 위에 있는데, 그 이유는 아직까지 밝혀지지 않았다고 해요.

05 이 글에서는 티라노사우루스, 브라키오사우루스, 부경고사우루스에 대해 설명하고 있어요. 특히 부경고사우루스는 우리나라 경남 하동 지역에서 발견된 공룡으로, 우리나라에 공룡이 많이 살았다는 증거이기도 해요.

어휘를 익혀요

본문 51쪽

01 1 ㄴ 2 ㄱ 3 ㄷ **02** 1 난폭 2 인정 3 달 **03** 1 다양 2 대형

12 공기의 몸속 여행

본문 52~53쪽

코칭 Tip 이 글은 사람이 호흡하는 과정을 설명하는 글입니다. 공기가 사람의 코로 들어가 기관과 기관지를 거쳐 폐에 도착하는 과정을 순서대로 이해하며 글을 읽을 수 있도록 합니다.

1 사람은 1분에 15~16회 정도[사람의 호흡수] 숨[중심 소재, = 호흡]을 쉬고, 하루에 10,000리터 정도[사람의 하루 호흡량]의 공기를 들이마신다. 우리가 들이마신 공기는 우리 몸에 들어가서 어떤 과정을 거쳐 다시 나오게 되는 것일까? 우리 몸에 들어간 공기의 뒤를 함께 따라가 보자.

▶ 사람의 호흡수와 하루 호흡량

2 우리가 들이마신 공기는 가장 먼저 코[들이마신 공기의 이동 경로 1]로 들어간다. 코는 콧속으로 들어오는 공기의 온도와 습도를 적절하게 조절하고[코의 기능 ①], 공기에 있는 먼지와 같은 이물질들을 걸러 내는 역할[코의 기능 ②]을 한다. 만약 우리가 아주아주 작아져서 콧속에 들어간다면 "어휴! 진흙이 가득한 갈대숲 사이를 헤치고 가는 것 같아!"라고 할 것이다. 콧속에는 공기와 함께 들어오는 먼지를 걸러 내기 위해서[이유] 코털이 갈대처럼 마구 자라나 있기 때문이다. 또한 코점막은 코털에 의해 걸러진 먼지와 같은 이물질을 제거하기 위해서[이유] 끈적끈적한 액체를 내보내기도 한다. 밖에서 들어온 이물질과 이 끈적끈적한 액체가 뒤섞인 것이 바로 코딱지이다[코딱지의 개념].

▶ 공기가 가장 먼저 들어가는 코의 특징

3 공기는 코를 지나면 기관과 기관지[들이마신 공기의 이동 경로 2]를 거쳐 폐로 가게 된다. 기관은 코와 연결되어 있으며 긴 관처럼 생긴 것으로[기관의 개념], 공기의 이동 통로[기관의 기능]이다. 기관에서 양쪽 폐로 갈라져서 폐의 입구까지 이어져 있는 관[기관지의 개념]이 기관지이다. 여기도 콧속처럼 가느다란 털이 나 있고 점액질을 내보내는데, 코에서 미처 걸러 내지 못한 이물질들을 걸러 내는 역할[기관지의 기능]을 한다.

▶ 코와 폐를 연결하는 긴 관인 기관과 기관지의 특징

4 공기는 기관과 기관지를 지나 폐[들이마신 공기의 이동 경로 3]에 도착한다. 우리 몸의 좌우에 한 개씩[폐의 개수] 있는 폐는 넓게 펴진 나뭇잎 모양[폐의 모양]을 하고 있는데 스펀지처럼 말랑거리고 가볍다[폐의 촉감과 무게]. 폐는 폐포라는 공기 주머니로 이루어져 있는데, 폐에는 대략 7억 5,000만 개 정도의 폐포[폐의 구성]가 있다. 만약 우리가 몸속에 들어가 폐를 직접 본다면 마치 포도 농장에 포도송이가 주렁주렁 달려 있는 것처럼 보일 것이다. 폐가 이렇게 작은 폐포로 이루어져 있는 이유는 공기와 맞닿는 부분을 늘려야 호흡을 더 쉽게 할 수 있기 때문이다[폐가 작은 폐포로 이루어져 있는 이유].

▶ 폐포라는 공기 주머니로 이루어진 폐의 특징

5 폐에는 근육이 없다. 그러면 폐는 어떻게 공기를 들이마시고 내보내는 걸까? 폐는 흉곽이라는 바구니 모양의 갈비뼈 안[폐의 위치]에 담겨 있고, 그 아래에는 횡격막이라는 얇은 막이 있는데, 이 횡격막과 갈비뼈의 근육이 움직여서 폐를 늘렸다가 줄이며 숨을 쉬게 하는 것이다[근육이 없는 폐를 대신하여 횡격막과 갈비뼈 근육이 폐를 움직여 줌]. 『숨을 들이쉴 때는 횡격막이 내려가고 갈비뼈가 올라가서 가슴 속 공간이 커진다. 이렇게 폐가 확장되면서 공기가 들어온다. 반대로 숨을 내쉴 때는 횡격막이 올라가고 갈비뼈가 내려가면서 공기가 나간다. 이렇게 들숨과 날숨을 통해 숨을 쉬면 폐포에서 공기 교환이 이루어진다.』[『 』: 호흡의 원리] 숨을 들이마실 때 공기 속에 들어 있던 산소는 몸으로 들어오고, 숨을 내쉴 때 몸에 있던 이산화 탄소는 몸 밖으로 나가게 된다[호흡의 개념]. 이것이 바로 호흡이다.

▶ 호흡의 원리와 개념

맞힌 개수 [ ] 개
틀린 개수 [ ] 개

글 내용 한눈에 보기

본문 53쪽

1 이물질 2 폐 3 폐포 4 산소

글을 이해해요

자기 평가

본문 54쪽

01 (내용 이해)
1 코딱지 2 근육, 갈비뼈

02 (내용 이해)
④

03 (내용 이해)
④

04 (내용 이해)
①

05 (중심 내용 쓰기)
우리가 들이마신 공기는 코로 들어가서 기관과 기관지를 거쳐 폐로 가게 된다.

01 1 코점막은 코털에 의해 걸러진 먼지와 같은 이물질을 제거하기 위해서 끈적한 액체를 내보내는데, 이것이 밖에서 들어온 이물질과 뒤섞이면 코딱지가 돼요.
2 폐에는 근육이 없기 때문에 스스로 움직일 수가 없어요. 그래서 횡격막과 갈비뼈의 근육이 움직여서 폐를 늘렸다가 줄이며 숨을 쉬게 해요.

02 2문단에서 우리가 들이마신 공기는 가장 먼저 코로 들어간다고 했어요.

03 5문단에서 숨을 내쉴 때는 횡격막이 올라가고 갈비뼈가 내려가면서 공기가 나간다고 했어요.

오답 풀이
① 들숨과 날숨을 통해 숨을 쉬면 흉곽이 아니라 폐포에서 공기 교환이 이루어져요.
② 숨을 내쉴 때는 몸에 들어 있던 이산화 탄소가 몸 밖으로 나가게 돼요.
③ 폐가 횡격막과 갈비뼈의 근육을 움직이는 것이 아니라, 횡격막과 갈비뼈의 근육이 움직여서 폐를 늘렸다가 줄이며 숨을 쉬게 하는 거예요.
⑤ 숨을 들이쉴 때는 횡격막이 내려가고 갈비뼈가 올라가서 가슴 속 공간이 커져요.

04 콧속에는 공기와 함께 들어오는 먼지를 걸러 내기 위해서 코털이 갈대처럼 마구 자라나 있어요. 기관지에도 콧속처럼 가느다란 털이 나 있는데, 코에서 미처 걸러 내지 못한 이물질들을 걸러 내요.

05 이 글은 우리가 공기를 들이마실 때의 과정을 설명하고 있어요. 즉 공기가 사람의 코로 들어가 기관과 기관지를 거쳐 폐에 도착하는 과정을 순서대로 서술하고 있어요.

어휘를 익혀요

본문 55쪽

01 1 ㄷ 2 ㄱ 3 ㄴ **02** 1 입구 2 제거 3 호흡 **03** 1 연결 2 교환

우리말, 어떻게 쓰고 있을까?

본문 56~57쪽

코칭 Tip 이 글은 국어 사용의 문제점을 지적하고 올바른 국어 사용으로 우리의 언어문화를 발전시키자고 주장하는 글입니다. 글쓴이가 지적한 국어 사용의 문제점 세 가지를 이해하고, 이에 대한 해결 방안을 파악하며 글을 읽을 수 있도록 합니다.

1 해외에서 한국어를 배우려는 사람들의 수는 한국 대중문화의 인기에 힘입어 나날이 증가하고 있다. 『2021년을 기준으로 해외 107개국 1,408개 대학에서 한국어·한국학 강좌를 운영 중이며, 82개국 234개소에 이르는 세종 학당에서는 약 700명의 한국어 교사가 근무하고 있다.』 한국어를 자국어로 사용하는 우리는 이러한 변화를 자랑스럽게 생각하면서도, 정작 국어를 소중히 여기고 바르게 사용하려는 노력은 부족한 실정이다. 오늘날 우리의 국어 사용에는 어떠한 문제가 있는지 알아보도록 하자.

『 』: 해외에서 한국어의 인기를 나타내는 사례들 / 글쓴이가 제기하는 문제점 / 중심 소재

▶ 한국어의 인기와 대비되는 국어 사용 실태

2 첫째, 무분별한 은어, 줄임말 사용의 문제이다. 인터넷과 스마트폰을 널리 사용하면서 젊은 층과 누리꾼들 사이에서 전에 사용한 적이 없는 새로운 말이 만들어져 유행하고 있다. 『'이야기'를 '썰'과 같은 은어로 사용하거나, '삼각김밥'을 '삼김'과 같이 줄임말로 사용하는 것 등이다.』 이 같은 잘못된 언어 습관은 세대 사이의 소통을 방해하고 국어의 본모습을 훼손한다. 우리의 소중한 국어를 지키기 위해서는 지금까지 가벼운 장난쯤으로 여겨 온 무분별한 은어와 줄임말의 사용을 자제해야 한다.

국어 사용의 문제점 ① / 『 』: 무분별한 은어, 줄임말 사용의 예 / 해결 방안 ①

▶ 국어 사용의 문제점 ①: 무분별한 은어, 줄임말의 사용

3 둘째, 불필요한 외국어 남용의 문제이다. 『텔레비전 뉴스나 신문의 보도에서 자주 쓰는 '글로벌', '팬데믹', '페스티벌'은 '세계적인', '대유행', '축제'의 영어 표현이며, '당월', '내주', '동절기'는 '이번 달', '다음 주', '겨울철'의 한자어 표현이다.』 표준어를 사용해야 하는 텔레비전 뉴스나 신문에서조차 이러한 외국어를 일상적으로 사용하고 있다는 사실은 우리의 삶 속에서 외국어의 사용이 거부감 없이 자리 잡고 있음을 보여 준다. 국어를 바르게 사용하면 상대방이 그 뜻을 이해하기 쉽고, 서로 더욱 원활하게 소통할 수 있다. 그런데도 국어를 굳이 이해하기 어려운 외국어로 바꾸어 사용할 이유는 없을 것이다. 이제부터라도 외국어 남용의 문제를 깨닫고 올바른 국어로 순화하여 사용해야 한다.

국어 사용의 문제점 ② / 『 』: 불필요한 외국어 남용의 예 / 해결 방안 ②

▶ 국어 사용의 문제점 ②: 불필요한 외국어 남용

4 셋째, 잘못된 높임 표현의 문제이다. 『일상생활 속에서 "여기 거스름돈 있으세요.", "주문하신 음료 나오셨습니다."와 같이 종종 어색한 높임말을 듣는 경우가 있다.』 이는 상대방을 존중하고자 하는 친절한 마음에서 비롯된 것이겠지만 분명히 잘못된 표현이다. 국어의 문법에서 높임의 대상은 말하는 사람보다 윗사람이어야 하는데, '거스름돈'이나 '커피'는 사람이 아니므로 높임의 대상이 될 수 없다. 그러나 높임의 대상이 사람이 아니어도 높임 표현을 쓸 수 있는 경우가 있다. 윗사람과 관련된 사물을 나타내는 말일 경우에는 높임의 대상이 될 수 있다. "우리 아버지는 마음이 참 넓으시다." 또는 "선생님의 넥타이가 멋지시다."에서 높임의 대상은 사물인 '마음'과 '넥타이'이지만, 이를 통해 간접적으로 '아버지'와 '선생님'을 높이게 되는 것이다. 국어를 바르게 사용하기 위해서는 이처럼 복잡한 체계를 가진 높임 표현을 바르게 이해하려고 노력해야 한다.

국어 사용의 문제점 ③ / 『 』: 잘못된 높임 표현의 예 / 해결 방안 ③

▶ 국어 사용의 문제점 ③: 잘못된 높임 표현

5 『무분별한 은어와 줄임말의 사용, 불필요한 외국어의 남용, 잘못된 높임 표현의 문제로 우리의 국어가 병들어 가고 있다. 이를 해결하기 위하여 무분별한 은어와 줄임말의 사용을 자제하고, 불필요한 외국어는 올바른 국어로 순화하여 사용하며, 복잡한 체계를 가진 높임 표현을 바르게 이해하려는 노력이 필요하다.』 올바른 국어 사용으로 자랑스러운 우리의 언어문화를 지키고 발전시키자.

『 』: 앞에서 언급한 국어 사용의 문제점과 해결 방안을 다시 한번 정리함 / 글쓴이의 주장이 드러나는 부분으로 이 글의 주제문에 해당함

▶ 올바른 국어 사용에 대한 당부

맞힌 개수 ( ) 개
틀린 개수 ( ) 개

글 내용 한눈에 보기

본문 57쪽

① 국어 ② 은어 ③ 높임 ④ 언어문화

글을 이해해요

자기 평가

본문 58쪽

01 (내용 추론)
①

02 (내용 추론)
④

03 (내용 이해)
1 오늘 내가 지각한 이야기 좀 들어 봐.
2 다음 주부터 학교에서 축제가 열린다.
3 여기 거스름돈 있어요.

04 (중심 내용 쓰기)
무분별한 은어와 줄임말의 사용, 불필요한 외국어 남용, 잘못된 높임 표현의 문제로 훼손되고 있는 우리의 국어를 올바르게 사용하여 자랑스러운 우리의 언어문화를 지키고 발전시키자.

01 4문단에서 글쓴이는 국어를 바르게 사용하기 위해서는 복잡한 체계를 가진 높임 표현을 바르게 이해하려고 노력해야 한다고 했어요. ①과 같이 함께 지키고 사용하기로 약속한 문법을 자기 마음대로 고쳐서 사용하는 것은 적절하지 않아요.

오답 풀이
② 5문단에서 글쓴이는 올바른 국어 사용으로 자랑스러운 우리의 언어문화를 지키고 발전시키자고 당부하고 있어요.
③ 2문단에서 무분별한 은어와 줄임말의 사용을 자제해야 한다고 했어요.
④ 3문단에서 국어를 바르게 사용하면 서로 더욱 원활하게 소통할 수 있다고 했어요.
⑤ 3문단에서 불필요한 외국어 남용의 문제점에 대해 지적하고 있어요. 그러면서 이러한 외국어들을 올바른 국어로 순화하여 사용해야 한다고 했어요.

02 그림 속 간판들에서는 '엘레강스, 부티크, 유니크, 펫숍, 플라워'와 같은 외국어를 불필요하게 사용하고 있어요.

03 1 2문단에서 '썰'이라는 은어가 '이야기'를 의미한다고 했어요. 그러므로 '오늘 내가 지각한 이야기 좀 들어 봐.'로 고쳐야 해요.
2 3문단에서 외국어인 '내주'는 '다음 주', '페스티벌'은 '축제'라고 했어요. 그러므로 '다음 주부터 학교에서 축제가 열린다.'로 고쳐야 해요.
3 '거스름돈'은 사람이 아니므로 높임의 대상이 될 수 없는데, '있으세요'와 같이 '거스름돈'을 높이고 있어요. 따라서 '여기 거스름돈이 있어요.'와 같이 고쳐야 해요.

04 글쓴이는 무분별한 은어와 줄임말의 사용, 불필요한 외국어 남용, 잘못된 높임 표현의 문제와 같은 국어 사용의 문제점을 알리고, 이를 바르게 사용하여 우리의 언어문화를 발전시키자고 주장하고 있어요.

어휘를 익혀요

본문 59쪽

01 1 ㄴ 2 ㄱ 3 ㄷ **02** 1 증가 2 순화 3 은어 **03** 1 근무 2 훼손

14 창경궁과 만나다

본문 60~61쪽

코칭 Tip 이 글은 조선 시대의 대표적인 궁궐인 창경궁에 대해 설명하는 글입니다. 창경궁의 역사와 창경궁 내의 중요 문화재의 특징을 파악하며 글을 읽을 수 있도록 합니다.

❶ 창경궁은 서울특별시 종로구 와룡동에 있는 조선 시대의 궁궐로, 서울의 대표적인 문화유산이다. 창경궁의 처음 이름은 '수강궁'이었는데, '수강(壽康)'은 오래오래 건강하게 살라는 뜻이다. 이런 이름을 붙인 이유는 세종 대왕에게 왕위를 물려준 태종을 위해 지은 궁궐이기 때문이다. 성종 때에 이르러 궁궐을 중건하면서 창성하고 경사스럽다는 뜻의 '창경(昌慶)'으로 이름을 바꾸었다. 『지금의 건물은 임진왜란 때 불에 탄 것을 광해군 때 중건한 것으로, 이후에도 난리나 화재 등으로 인해 소실되고 중건하기를 반복하였다. 일제 강점기에는 일제가 창경궁을 허물고 동물원과 식물원을 만들면서 '창경원'이 되었고, 1983년에 이르러서야 원래 이름인 '창경궁'을 되찾고 복원되었다.』 창경궁에는 우리나라의 국보인 명정전이 있고, 보물인 홍화문과 옥천교, 통명전과 같은 문화재들이 있다. 그럼 이제부터 창경궁의 정문인 홍화문부터 살펴보자.

중심 소재 / 창경궁의 위치 / 창경궁의 처음 이름이 수강궁이었던 이유 / 창경궁의 이름에 담긴 의미 / 『 』: 소실되고 중건하기를 반복한 창경궁의 수난의 역사 / 우리 궁궐의 권위를 낮추려는 일제의 의도 / 창경궁을 대표하는 문화재들

▶ 창경궁의 역사와 창경궁 내의 중요 문화재 소개

홍화문

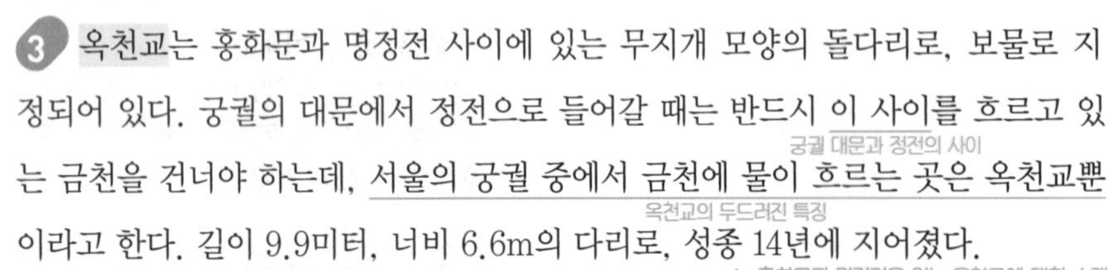

❷ 홍화문은 창경궁의 정문으로, 보물로 지정되어 있다. 지붕의 형태는 우진각 지붕으로 되어 있다. 다른 궁궐들의 정문은 남쪽을 향해 있는데, 이 홍화문은 동쪽을 향해 있는 것이 특징이다. 임진왜란 때 불탔다가 광해군 때 다시 세워졌다. 앞면 3칸, 옆면 2칸의 2층 건물로, 문 왼쪽인 서북쪽 모서리에 계단이 있어서 위층으로 오르내릴 수 있다.

: 창경궁 내의 중요 문화재 / 다른 궁궐의 정문과 비교할 때 홍화문의 가장 큰 특징

▶ 창경궁의 정문인 홍화문에 대한 소개

옥천교

❸ 옥천교는 홍화문과 명정전 사이에 있는 무지개 모양의 돌다리로, 보물로 지정되어 있다. 궁궐의 대문에서 정전으로 들어갈 때는 반드시 이 사이를 흐르고 있는 금천을 건너야 하는데, 서울의 궁궐 중에서 금천에 물이 흐르는 곳은 옥천교뿐이라고 한다. 길이 9.9미터, 너비 6.6m의 다리로, 성종 14년에 지어졌다.

궁궐 대문과 정전의 사이 / 옥천교의 두드러진 특징

▶ 홍화문과 명정전을 잇는 옥천교에 대한 소개

명정전

❹ 명정전은 창경궁의 정전으로서 국보로 지정되어 있다. 임금이 나랏일을 돌보던 가장 중심이 되는 궁전이다. 창덕궁 돈화문과 더불어 조선 시대에 나무로 만들어진 건물 가운데 가장 오래되었다. 『명정전은 신하들이 임금에게 나랏일에 대해 보고하는 곳이었다. 신하들이 임금에게 새해 인사를 드릴 때나 큰 행사를 치를 때도 이용되었다.』

정전의 역할 / 명정전이 지닌 조선 시대 건축사적 가치 / 『 』: 명정전의 쓰임

▶ 창경궁의 정전인 명정전에 대한 소개

❺ 통명전은 왕비가 잠을 자는 건물로, 보물로 지정되어 있다. 건물 옆에는 연못이 있으며, 명정전과 비교해 보면 지붕에 용마루가 없는 것이 특징이다. 숙종 때 희빈 장씨가 인현왕후를 저주하다가 사약을 받은 사건이 이곳에서 있었다. 현재의 건물은 순조 34년(1834)에 다시 지은 것으로, '통명전'이라는 현판은 순조의 글씨이다.

통명전의 특징 / 통명전에 얽힌 조선 시대 왕실의 사건

▶ 왕비가 잠을 자는 건물인 통명전에 대한 소개

통명전

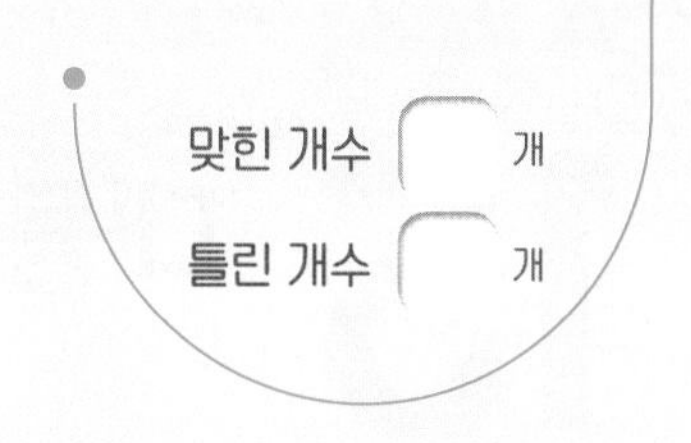

글 내용 한눈에 보기

본문 61쪽

1 수강궁 2 동쪽 3 돌 4 오래 5 왕비

글을 이해해요

자기 평가

본문 62쪽

01 (내용 이해)
1 × 2 ○

02 (내용 추론)
④

03 (내용 추론)
⑤

04 (내용 이해)
명정전

05 (중심 내용 쓰기)
창경궁은 조선 시대의 궁궐로, 정문인 홍화문과 무지개 모양의 돌다리인 옥천교, 정전인 명정전, 왕비가 잠을 자는 건물인 통명전과 같은 문화재들이 있다.

01 1 창경궁의 처음 이름은 오래오래 건강하게 살라는 뜻의 '수강궁'이었어요.
2 왕비의 침실인 통명전에서는 숙종 때 희빈 장씨가 인현왕후를 저주하다가 사약을 받은 사건이 있었어요.

02 통명전은 왕비가 잠을 자는 건물인데, 명정전과 비교해 보면 지붕에 용마루가 없는 것이 특징이라고 했어요. 따라서 왕비의 침실이 있는 건물에는 용마루를 두지 않았다는 것을 알 수 있어요.

03 홍화문의 지붕은 우진각 지붕인데, 우진각 지붕은 네 개의 추녀마루가 기와로 쌓아 올린 용마루, 즉 동마루에 몰려 붙은 지붕을 말해요.

오답 풀이
① 홍화문은 국보가 아니라 보물이에요.
② 바닥으로 금천이 흐르는 것은 옥천교에 대한 설명이에요. 옥천교는 홍화문과 명정전 사이에 있어요.
③ 다른 궁궐들의 정문이 남쪽에 있는 것과 달리, 홍화문은 동쪽을 향해 있어요.
④ 홍화문이 아니라 통명전에 대한 설명이에요.

04 4문단에서 명정전은 임금이 나랏일을 돌보던 정전으로서 창덕궁 돈화문과 더불어 조선 시대에 나무로 만들어진 건물 가운데 가장 오래되었다고 했어요.

05 이 글은 조선 시대의 대표적인 궁궐인 창경궁에 대해 설명하고 있어요. 그중에서도 창경궁 내의 중요 문화재인 홍화문, 옥천교, 명정전, 통명전과 같은 건물들을 자세히 설명하고 있어요.

어휘를 익혀요

본문 63쪽

01 1 ㄱ 2 ㄷ 3 ㄴ　**02** 1 국보 2 현판 3 지정　**03** 1 복원 2 형태

15 대동여지도 속 우리나라

본문 64~65쪽

코칭 Tip 이 글은 조선 시대의 지리학자인 김정호가 만든 대동여지도에 대해 설명하는 글입니다. 대동여지도의 형태상 특징과 우수성을 파악하며 글을 읽을 수 있도록 합니다.

1 요즘 우리는 먹을 것을 사러 마트나 시장에 가지만, 아주 먼 옛날 선사 시대 사람들은 먹을 것을 찾기 위해 이곳저곳을 돌아다녀야만 했다. 그들은 돌아다니다 길을 잃지 않기 위해(지도를 그리기 시작한 목적) 나무에 선을 그어 둔다거나, 다니는 곳마다 돌멩이를 놓아둔다거나 하는 방법으로 흔적을 남겨 놓고는 했다. 하지만 그런 흔적들은 비가 오고 바람이 불면 사라지기 일쑤였다. 사람들은 이번에는 주변의 모습을 나무토막이나 벽 등에 그림으로 남기기 시작(지도는 길을 잃지 않기 위해 주변의 모습을 그림으로 남긴 흔적임)했다. 이것이 지도의 시작이다.

▶ 사람들이 길을 잃지 않기 위해 그리기 시작한 지도

2 우리나라에서는 옛날부터 지도를 만들어 사용해 왔다. 그중 가장 널리 알려진 것이 조선 시대의 지리학자인 김정호가 만든 '대동여지도'(조선 시대의 가장 대표적인 지도인 대동여지도)(중심 소재)이다. 김정호는 지금까지 나온 모든 지리책과 지도를 연구하여 그 장점을 모았다(당시의 모든 지리책과 지도의 장점이 집대성된 대동여지도). 그렇게 만든 『대동여지도는 한 장짜리 지도가 아니다. 김정호는 우리나라 전체 지도를 약 60여 개의 나무판(목판)에 직접 새겼고, 이를 22권의 책에 나누어 찍어 냈다. 이것들을 모두 펼쳐 이어 붙이면 전국 지도가 되는데, 그 크기가 매우 커서 가로의 길이가 약 4m, 세로의 길이는 약 6.6m나 된다.』(『 』: 대동여지도의 형태상 특징)

▶ 대동여지도의 형태상 특징

3 『대동여지도는 매우 정확하고 과학적이다. 인공위성도 없던 160여 년 전에 만든 오래된 지도이지만 우리나라의 실제 모습과 매우 비슷하다(정확하고 과학적임). 대동여지도에는 전국의 산줄기와 물줄기는 물론 도로와 행정 구역의 경계, 해안선에 있는 작은 섬까지도 모두 나타나 있는데, 일부는 직접 가 보지 않고는 알 수 없을 정도로 상세하다(지리적, 행정적으로 중요한 정보가 매우 상세하게 나타남).』(『 』: 대동여지도의 우수성 ① - 정확하고 과학적이며 정보가 매우 상세함) 또한 『목판으로 만들어 계속 인쇄하는 것이 가능했고 22권의 책을 병풍처럼 접었다 펼 수 있어서 지도를 가지고 다니며 볼 수 있다는 점에서 매우 뛰어나다.』(『 』: 대동여지도의 우수성 ② - 지속적인 목판 인쇄가 가능하고 휴대가 편리함)

▶ 대동여지도의 우수성 ①, ②: 정확하고 과학적이며 상세함, 인쇄가 가능하고 휴대가 편리함

4 『대동여지도를 살펴보면 큰 산줄기는 굵게 표현하고, 큰 산은 크게 표현하는 등 땅의 생긴 모양이나 특징이 잘 나타나 있다. 강의 경우에도 그 크기에 따라 강줄기의 두께를 달리 표현했다. 또한 강과 도로가 쉽게 구별되도록 강줄기는 구불구불한 선으로, 도로는 쭉 뻗은 직선으로 나타냈다. 길에는 일정한 거리마다 점을 찍어서 거리도 알 수 있도록 했고, 큰 고을과 역 등을 기호로 나타내 길을 쉽게 찾을 수 있도록 만들었다.』(『 』: 대동여지도의 우수성 ③ - 사람들이 지도를 쉽게 알아볼 수 있도록 함)

▶ 대동여지도의 우수성 ③: 사람들이 지도를 쉽게 알아볼 수 있도록 함

5 이처럼 『대동여지도에는 당대의 지리적, 행정적으로 중요한 정보가 담겨 있을 뿐만 아니라, 사람들이 실제로 지도를 쉽고 편리하게 사용할 수 있도록 한 노력이 담겨 있다.』(『 』: 대동여지도의 의의)

▶ 대동여지도의 의의

22권의 책으로 만든 인쇄본

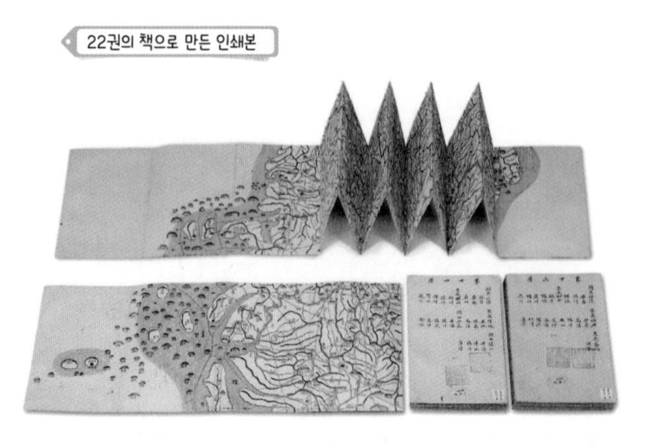

22권의 인쇄본을 이어 붙인 대동여지도

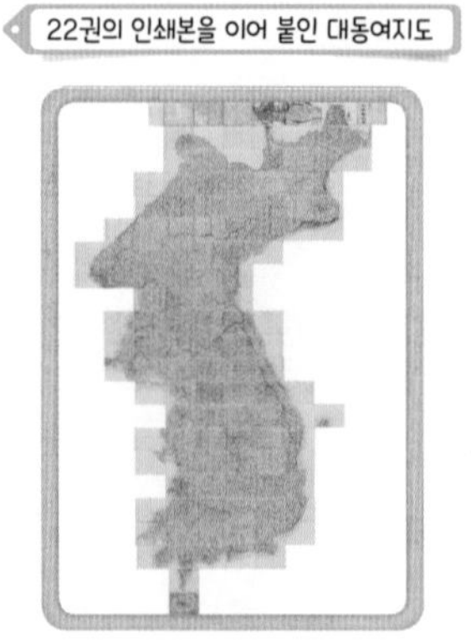

맞힌 개수 [ ] 개
틀린 개수 [ ] 개

글 내용 한눈에 보기

본문 65쪽

1 김정호 2 목판 3 도로 4 점

글을 이해해요

자기 평가

본문 66쪽

01 (내용 추론)
1 구불구불한, 두껍게 2 작게, 가늘게

02 (내용 이해)
⑤

03 (내용 이해)
①

04 (내용 추론)
②

05 (중심 내용 쓰기)
대동여지도에는 당대의 지리적, 행정적으로 중요한 정보가 담겨 있을 뿐만 아니라, 사람들이 실제로 지도를 쉽고 편리하게 사용할 수 있도록 한 노력이 담겨 있다.

01 1 4문단에서 대동여지도를 살펴보면 강줄기는 구불구불한 선으로 그렸는데, 산줄기와 마찬가지로 크기에 따라 두께를 달리 표현했다고 했어요.
2 4문단에서 큰 산줄기는 굵게 표현하고, 큰 산은 크게 표현한다고 했어요. 그러므로 작은 산과 작은 산줄기는 이와 반대로 작게, 가늘게 그렸을 거예요.

02 선사 시대 사람들은 먹을 것을 구하러 멀리 나가다 보면 길을 잃을 수 있었어요. 그래서 주변의 모습을 기억하기 위해 지도를 그리기 시작했어요.

03 대동여지도는 한 장의 종이가 아니라 22권의 책이에요.

오답 풀이

②, ③ 대동여지도는 인공위성도 없던 160여 년 전에 만든 오래된 지도이지만 우리나라의 실제 모습과 매우 비슷하다고 했어요.
④ 대동여지도에는 전국의 산줄기와 물줄기는 물론 도로와 행정 구역의 경계, 해안선에 있는 작은 섬까지도 모두 나타나 있어요.
⑤ 대동여지도는 22권의 책을 병풍처럼 접었다 펼 수 있어서 지도를 가지고 다니며 볼 수 있어요.

04 4문단에서 큰 고을은 기호로 표시했다고 했으므로, 모든 고을의 이름이 다 나오도록 적어야겠다는 생각은 하지 않았을 거예요.

05 이 글은 조선 시대의 지리학자인 김정호가 그린 대동여지도의 형태상 특징과 우수성에 대해 설명하고 있어요. 대동여지도는 당대의 지리적, 행정적으로 중요한 정보를 담고 있을 뿐만 아니라, 사람들이 쉽고 편리하게 사용할 수 있도록 만들어진 지도라고 했어요.

어휘를 익혀요

본문 67쪽

01 1 ㄴ 2 ㄱ 3 ㄷ **02** 1 두께 2 해안선 3 정보 **03** 1 흔적 2 당대

16 다양한 대체 에너지

본문 68~69쪽

코칭 Tip 이 글은 화석 연료의 문제점과 이를 해결하기 위한 방법인 대체 에너지에 대해 설명하는 글입니다. 다양한 대체 에너지의 특징과 장단점을 파악하며 글을 읽을 수 있도록 합니다.

1 석탄과 석유 같은 화석 연료는 우리의 생활에서 뗄 수 없는 중요한 자원이다. 그러나 화석 연료는 지구에 묻혀 있는 양이 한정되어 있고, 그 양은 점차 줄어들고 있다. 심지어 우리나라는 석유가 한 방울도 나지 않기 때문에 모두 다른 나라에서 사 와야 한다. 그뿐만 아니라 화석 연료는 심각한 환경 오염 문제를 일으킨다. 이러한 문제들을 해결하기 위해서는 화석 연료를 대신할 대체 에너지가 필요하다. 여기서는 그러한 대체 에너지 중 원자력 발전, 태양광 발전, 풍력 발전, 수력 발전, 조력 발전에 대해 살펴보도록 하자.

(화석 연료의 종류 / 화석 연료의 문제점 ① / 화석 연료의 문제점 ② / 화석 연료의 문제점 ③ / 중심 소재 → 화석 연료의 문제점을 해결할 방법 / 뒤에 이어질 설명 내용 안내)

▶ 화석 연료를 대체할 에너지의 필요성

2 현재 화석 연료 다음으로 많이 사용하는 에너지는 원자력이다. 원자력 발전은 핵분열을 이용하여 아주 많은 열을 만들어 내고, 그 열을 이용하여 전기를 만드는 방식이다. 원자력 에너지의 원료가 되는 우라늄은 석탄이나 석유보다 싸고, 전기를 만들 때 매연이나 이산화 탄소를 거의 배출하지 않는다는 장점이 있다. 그러나 사람의 건강을 심각하게 해칠 수 있는 방사선 노출이나 핵폐기물 관리 등과 같은 심각한 문제도 있다.

(대체 에너지 1 / 원자력 발전의 개념 / 원자력 발전의 장점 ① / 원자력 발전의 장점 ② / 원자력 발전의 단점)

▶ 핵분열을 이용하여 전기를 만드는 원자력 발전의 장단점

3 태양광 발전은 태양의 빛에너지를 모아서 이것을 전기로 바꾸는 방식이다. 태양광은 고갈될 염려가 없고, 환경 오염 물질을 배출하지 않는 청정에너지이다. 하지만 태양 에너지를 모으는 장비를 설치하는 데 많은 공간이 필요하고, 설치 장비의 가격이 비싸다. 또한 햇빛이 없는 날과 밤에는 태양 에너지를 모을 수 없어 이에 대한 해결책이 필요하다.

(대체 에너지 2 / 태양광 발전의 개념 / 태양광 발전의 장점 / 태양광 발전의 단점 ① / 태양광 발전의 단점 ②)

▶ 태양에서 에너지를 얻어 전기를 만드는 태양광 발전의 장단점

4 풍력 발전은 바람을 이용하여 전기를 만드는 방식이다. 비교적 적은 비용으로 풍차를 만들 수 있고, 바람으로 풍차를 돌려 깨끗한 에너지를 무한에 가깝게 만들 수 있다. 낙도 등의 낙후 지역에 경제성 있는 전력 보급이 가능하며, 대규모 풍력 발전 단지를 조성해 이를 관광 자원으로 활용할 수도 있다. 그러나 풍차를 설치할 장소를 찾기 어렵고, 바람이 적은 날에는 발전이 힘들다. 또한 바람으로 얻은 에너지를 모아 둘 장치도 필요하다.

(대체 에너지 3 / 풍력 발전의 개념 / 풍력 발전의 장점 ① / 풍력 발전의 장점 ② / 풍력 발전의 장점 ③ / 풍력 발전의 단점 ① / 풍력 발전의 단점 ②)

▶ 바람에서 에너지를 얻어 전기를 만드는 풍력 발전의 장단점

▲ 원자력 발전

▲ 태양광 발전

▲ 풍력 발전

5 수력 발전은 흐르는 물의 운동 에너지를 이용하여 전기를 만드는 방식이다. 전기를 만드는 데 드는 시간이 짧아 급한 상황에서 대비 전력으로 사용하기에 좋으며, 공해 물질도 나오지 않는다. 하지만 댐 건설 비용이 많이 들며 댐을 만들 때 자연을 파괴할 수 있다.

(대체 에너지 4 / 수력 발전의 개념 / 수력 발전의 장점 / 수력 발전의 단점)

▶ 물에서 에너지를 얻어 전기를 만드는 수력 발전의 장단점

6 조력 발전은 밀물과 썰물 때 해수면 높이의 차이를 이용하여 전기를 얻는 방식이다. 공해와 고갈 걱정이 없고 에너지를 만드는 비용이 적게 든다. 하지만 밀물과 썰물 때 평균 해수면 높이의 차이가 3m 이상이어야 하므로 발전소를 건설할 수 있는 지역이 적고, 갯벌을 파괴하여 생태계를 무너뜨린다는 문제점이 있다.

(대체 에너지 5 / 조력 발전의 개념 / 조력 발전의 장점 / 조력 발전의 단점)

▶ 밀물과 썰물 때 해수면 높이의 차이를 이용하여 전기를 만드는 조력 발전의 장단점

맞힌 개수 ( ) 개
틀린 개수 ( ) 개

글 내용 한눈에 보기

본문 69쪽

1 원자력 2 태양광 3 풍력 4 수력 5 조력

글을 이해해요

본문 70쪽

자기 평가

01 (내용 이해)
1 풍력 2 원자력

02 (내용 추론)
④

03 (내용 이해)
②

04 (내용 이해)
②

05 (중심 내용 쓰기)
화석 연료의 문제점을 해결하기 위해서는 화석 연료를 대신할 원자력 발전, 태양광 발전, 풍력 발전, 수력 발전, 조력 발전 등의 대체 에너지가 필요하다.

01 1 4문단에서 풍력 발전은 낙도 등의 낙후 지역에 경제성 있는 전력 보급이 가능하다고 했어요.
2 2문단에서 원자력 발전은 핵분열을 이용하여 전기를 만드는데, 전기를 만들 때 매연이나 이산화 탄소를 거의 배출하지 않는 장점이 있다고 했어요.

02 우리나라에서 어떤 대체 에너지를 쓰고 있는지, 그 대체 에너지를 얼마나 사용하고 있는지는 이 글만 읽고서는 알 수 없어요.

03 풍력 발전은 바람으로 풍차를 돌려 깨끗한 에너지를 무한에 가깝게 만들 수 있다는 장점이 있어요.

오답 풀이
① 수력 발전은 댐을 만들 때 자연을 파괴할 수 있어요.
③ 원자력 발전은 사람의 건강을 심각하게 해칠 수 있는 방사선 노출이나 핵폐기물 관리 등과 같은 심각한 문제가 있어요.
④ 태양광 발전은 설치 장비의 가격이 비싸요.
⑤ 조력 발전은 밀물과 썰물 때 평균 해수면 높이의 차가 3m 이상인 곳에 발전소를 설치해야 해요.

04 1문단을 보면 화석 연료의 문제점에 대해 설명하고 있어요. 화석 연료는 지구에 묻혀 있는 양이 한정되어 있고, 그 양이 점점 줄어들고 있어요. 그리고 석탄이나 석유를 태울 때 나오는 물질이 환경 오염을 일으켜요. 또한 우리나라는 석유가 한 방울도 나지 않기 때문에 모두 다른 나라에서 사 와야 한다는 문제점이 있어요. 하지만 ②와 같은 문제점은 이 글에 제시되어 있지 않아요.

05 이 글은 화석 연료를 대체할 에너지의 필요성을 이야기하고, 여러 가지 대체 에너지 중에서 핵분열을 이용하여 전기를 만드는 원자력 발전과 자연에서 에너지를 얻어 전기를 만드는 태양광 발전, 풍력 발전, 수력 발전, 조력 발전에 대해 설명하고 있어요.

어휘를 익혀요

본문 71쪽

01 1 ㄴ 2 ㄷ 3 ㄱ **02** 1 낙도 2 보급 3 생태계 **03** 1 대비 2 고갈

17 태양계로 떠나자

본문 72~73쪽

코칭 Tip 이 글은 태양계를 구성하고 있는 태양과 행성들에 대해 설명하는 글입니다. 태양과, 태양 주위를 돌고 있는 8개 행성의 특징을 파악하며 글을 읽을 수 있도록 합니다.

1 '태양계'는 태양의 영향이 미치는 공간과 그 안에 있는 행성들을 의미한다. 태양은 태양계의 중심에 위치하며, 태양계의 행성들은 자전하며 태양 주위를 돈다. 태양은 태양계에서 유일하게 스스로 빛과 열을 내는 별로, 지구의 모든 생물은 태양의 빛과 열을 이용해 살아가고 있다. 그리고 이 태양의 주위로 수성, 금성, 지구, 화성, 목성, 토성, 천왕성, 해왕성 등 8개의 행성이 돌고 있다. 지금부터 이 8개의 행성에 대해 살펴보도록 하자.
(중심 소재 / 태양계의 개념 / 태양의 특징 ① / 태양의 특징 ② / 뒤에 이어질 설명 내용)
▶ 태양계의 개념과 태양의 특징 및 태양 주위를 도는 8개의 행성 소개

2 수성은 태양에서 가장 가까이 있는 행성이다. 태양계 행성 중에서 가장 작고, 주위를 도는 위성이 없다. 표면이 암석으로 이루어져 있으며, 운석 충돌로 생긴 흔적이 있어서 겉모습은 달과 비슷하다. 대기가 없어서 온도 변화가 심해 낮에는 400℃까지 올라갔다가 밤에는 영하 200℃까지 내려간다.
(: 태양계의 행성 / 수성의 특징 ① / 수성의 특징 ② / 수성의 특징 ③ / 수성의 특징 ④)
▶ 수성의 특징

3 금성은 평균 기온이 450℃로 매우 뜨겁고, 지구의 위성인 달에 이어 행성으로는 첫 번째로 밝다. 표면이 암석으로 이루어져 있으며, 태양계 행성 중에서 지구와 크기가 가장 비슷하다. 이산화 탄소로 이루어진 두꺼운 대기가 있다. 수성과 마찬가지로 위성이 없다.
(금성의 특징 ① / 금성의 특징 ② / 금성의 특징 ③ / 금성의 특징 ④ / 금성의 특징 ⑤)
▶ 금성의 특징

4 지구는 우리가 살고 있는 행성이다. 태양으로부터 적절한 거리에 있어 온도가 적당하고, 대기가 있어서 생명체가 살기 좋은 환경을 갖추고 있다. 표면의 30퍼센트는 육지이며, 70퍼센트는 바다로 이루어져 있어 물도 풍부하다. 위성인 달이 지구 주변을 공전하고 있다.
(지구의 특징 ① / 지구의 특징 ② / 지구의 특징 ③ / 지구의 특징 ④)
▶ 지구의 특징

5 화성은 적갈색의 돌과 모래로 덮인 행성이다. 지금은 물이 모두 사라졌거나 얼음이 되어 버렸지만, 한때는 물이 있었다. 하루의 길이와 계절의 변화가 지구와 비슷하고 지구처럼 바람도 분다. 수성처럼 우주에 떠도는 물질인 운석이 충돌한 흔적이 있으며, 거대한 화산도 많은데 그중에 에베레스트산보다 훨씬 높은 화산도 있다.
(화성의 특징 ① / 화성의 특징 ② / 화성의 특징 ③)
▶ 화성의 특징

6 목성은 태양계 행성 중에서 크기가 가장 크고 무겁다. 지구 크기의 1,300배나 된다. 79개에 이르는 많은 위성을 거느리고 있다. 주로 수소와 헬륨 같은 가벼운 기체로 구성되어 있으며, 희미한 고리도 있다. 표면에 희거나 적갈색의 줄무늬가 있다.
(목성의 특징 ① / 목성의 특징 ② / 목성의 특징 ③ / 목성의 특징 ④)
▶ 목성의 특징

7 토성은 얼음 조각과 먼지로 이루어진 멋진 고리가 있다. 고리는 하나처럼 보이지만 사실은 아주 많은 고리들이 서로 다른 속도로 토성의 둘레를 돌고 있다. 표면이 기체로 되어 있으며, 목성에 이어 태양계에서 두 번째로 크다. 아주 가벼워서 토성이 들어갈 수 있는 엄청나게 큰 바다가 있다면 그 바다 위에 뜰 정도이다.
(토성의 특징 ① / 토성의 특징 ② / 토성의 특징 ③ / 토성의 특징 ④)
▶ 토성의 특징

8 천왕성은 암모니아, 메탄 등의 기체가 얼어붙어 있는 거대한 행성이다. 지구의 4배 정도 크기로, 태양계 행성 중에서 세 번째로 크다. 망원경으로 발견한 최초의 행성이다. 전체적으로 청록색이며, 고리가 있지만 희미해서 잘 보이지 않는다. 다른 행성과 달리 거의 누워서 자전하며 태양 주변을 돈다.
(천왕성의 특징 ① / 천왕성의 특징 ② / 천왕성의 특징 ③ / 천왕성의 특징 ④ / 천왕성의 특징 ⑤)
▶ 천왕성의 특징

9 해왕성은 태양에서 가장 멀리 떨어져 있는 행성으로, 푸른빛을 띤다. 태양의 빛을 적게 받기 때문에 온도가 낮고, 대부분의 기체가 얼어붙어 있다. 유일하게 수학적 계산으로 발견됐다. 대기는 천왕성과 비슷하게 수소, 헬륨, 메탄 등으로 이루어져 있으며, 대기가 활발하게 움직여 거대한 회오리바람이 분다.
(해왕성의 특징 ① / 해왕성의 특징 ② / 해왕성의 특징 ③ / 해왕성의 특징 ④ / 해왕성의 특징 ⑤)
▶ 해왕성의 특징

맞힌 개수 ( ) 개
틀린 개수 ( ) 개

글 내용 한눈에 보기

본문 73쪽

1 열 2 지구 3 위성 4 고리 5 대기

글을 이해해요

본문 74쪽

자기 평가

01 (내용 이해)
1 금성 2 토성

02 (내용 이해)
②

03 (내용 이해)
태양

04 (내용 추론)
④

05 (중심 내용 쓰기)
태양은 태양계의 중심에 위치하며, 태양계의 행성들인 수성, 금성, 지구, 화성, 목성, 토성, 천왕성, 해왕성은 자전하며 태양 주위를 돈다.

01 1 금성은 태양계 행성 중에서 지구와 크기가 가장 비슷하며, 이산화 탄소로 이루어진 두꺼운 대기가 있다고 했어요. 화성은 하루의 길이와 계절의 변화가 지구와 비슷해요.
2 토성은 얼음 조각과 먼지로 이루어진 멋진 고리가 있고, 목성에 이어 태양계에서 두 번째로 큰 행성이에요. 수성은 태양계 해성 중에서 가장 작은 행성이에요.

02 태양과 멀어질수록 태양빛을 덜 받게 되므로 행성의 온도가 낮아요. 해왕성은 태양과 가장 멀기 때문에 기체가 얼 정도로 온도가 낮은 곳이에요. 그런데 이곳은 망원경이 아니라 유일하게 수학적 계산으로 발견되었다고 했어요.

03 태양계에 있는 행성들은 모두 태양을 중심으로 그 둘레를 돌고 있어요. 태양은 태양계에서 유일하게 스스로 빛과 열을 내는 별로, 지구의 모든 생물은 태양의 빛과 열을 이용해 살아가고 있어요.

04 지구는 우리가 살고 있는 행성으로, 온도가 적당하고 대기가 있어서 생명체가 살기 좋은 환경을 갖추고 있다고 했어요.

오답 풀이
① 지구는 '달'이라는 위성이 있어요. 위성이 없는 행성은 수성과 금성이에요.
② 지구는 온도가 적당하다고 했어요.
③ 망원경으로 발견한 행성은 천왕성이에요.
⑤ 태양에서 가장 멀리 떨어져 있는 행성은 해왕성이에요.

05 이 글은 태양계를 구성하고 있는 태양과 행성들에 대해 설명하고 있어요. 즉 태양과, 태양 주위를 돌고 있는 8개의 행성인 수성, 금성, 지구, 화성, 목성, 토성, 천왕성, 해왕성의 특징을 설명하고 있어요.

어휘를 익혀요

본문 75쪽

01 1 ㄴ 2 ㄷ 3 ㄱ **02** 1 자전 2 공전 3 행성 **03** 1 평균 2 영향

18 개미는 길을 어떻게 찾을까?

본문 76~77쪽

코칭 Tip 이 글은 개미가 길을 찾는 다양한 방법에 대해 설명하는 글입니다. 개미가 길을 찾는 방법과 이를 알아내기 위해 실행한 실험의 과정 및 결과를 파악하며 글을 읽을 수 있도록 합니다.

1 사람도 길을 잃기 쉬운, 모래가 가득한 사막. 이곳에 살고 있는 초보 일개미는 태어나서 처음으로 오늘 집 밖을 나오게 되었다. 이제부턴 일을 하게 될 테니 집 주변을 살펴보고 오라는 여왕개미의 말에 무작정 길을 나선 초보 일개미. 과연 집에 제대로 돌아갈 수 있을까? 우리의 걱정과는 달리, 초보 일개미는 길을 잃지 않고 집으로 돌아가는 길을 바로 찾아내었다. 도대체 초보 일개미가 헤매지 않고 길을 찾은 비법은 무엇일까?

▶ 길을 잃지 않고 집으로 돌아가는 길을 바로 찾아낸 일개미

이 글의 설명 대상

2 개미들이 먹이를 집으로 옮기는 모습을 살펴보면, 앞에 가는 개미를 따라 그 뒤에 오는 개미들이 한 줄로 졸졸졸 쫓아간다. 그 이유는 처음 먹이를 발견한 개미가 집으로 돌아올 때 뿌려 놓은 페로몬 냄새를 다른 개미들이 따라가기 때문이다. 사람은 말로 의사소통을 하지만, 어떤 동물들은 냄새로 의사소통을 한다. 개미도 마찬가지인데, 이때 사용하는 물질을 바로 '페로몬'이라고 한다. 개미들은 바로 이 페로몬을 이용하여 길을 정확히 안내하고, 또 찾을 수 있다. 하지만 한 가지 궁금증이 남는다. 그렇다면 맨 처음 먹이를 발견한 개미는 페로몬 냄새가 나는 길이 없을 텐데, 어떻게 집으로 돌아올 수 있을까?

중심 소재 / 개미의 길 찾기 방법 ①: 페로몬을 이용함 / 동물들이 냄새로 의사소통을 할 때 / 페로몬의 기능 / 맨 처음 먹이를 발견한 개미는 페로몬으로 길을 찾을 수 없음 → 다른 방법이 필요함(3문단에 제시될 내용)

▶ 개미의 길 찾기 방법 ①: 페로몬을 이용함

3 20세기 초, 북아프리카 튀니지 지방에 '산치'라는 사람이 살고 있었다. 어느 날 그는 개미가 집으로 돌아가는 걸 지켜보고 있다가, 개미가 지나가는 길 옆에 판자를 놓고 태양을 볼 수 없게 하였다. 그러자 『개미는 우왕좌왕하면서 길을 잃은 듯한 반응을 보였다. 이후 산치가 판자를 치워 주자, 태양을 다시 볼 수 있게 된 개미는 집으로 가는 방향을 찾아 이동하였다.』 그는 다시 태양을 자신의 오른쪽에 두고 이동하는 개미의 옆에 또다시 판자를 놓고, 반대편에는 거울을 놓아 태양을 반사시켰다. 그러자 개미는 거울에 비친 태양을 오른쪽에 두고 집의 정반대 방향으로 이동하기 시작했다. 이후 산치가 판자와 거울을 모두 치우자, 방향을 틀어 집으로 가는 방향으로 이동했다. 이와 같은 실험을 통해 그는 집을 나선 개미가 태양을 기준으로 방향을 찾아서 집으로 돌아온다는 것을 발견하였다.

산치의 실험 ①: 태양을 가려서 개미가 태양을 볼 수 없게 함 / 『 』: 개미가 태양을 이용하여 길을 찾는다는 것을 알 수 있음 / 산치의 실험 ②: 태양을 가리고 반대편에 거울을 놓아 태양을 반사시킴(개미가 태양의 위치를 반대편으로 느끼게 함) / 개미가 태양을 기준으로 길을 찾는다는 것을 알 수 있음 / 태양의 위치가 다시 바뀜 / 실험을 통해 내린 산치의 결론

▶ 개미의 길 찾기 방법 ②: 태양을 기준으로 방향을 찾음

4 만약 개미가 먹이를 찾아 나선 시간과 먹이를 구해 집으로 돌아오는 시간의 차이가 클 경우에는 어떻게 될까? 시간이 지날수록 태양 역시 이동하여 위치 변화가 커질 텐데, 이때에도 개미들은 집을 정확하게 찾을 수 있을까? 『먹이를 물고 집으로 돌아가는 개미를 잡아 어두운 상자 속에 가둔다. 그런 다음 오랜 시간을 두고 다시 풀어 주면,』 놀랍게도 개미는 태양이 움직인 만큼 방향을 조정해서 정확히 집으로 향한다. 그 이유는 개미의 뇌에 '생물 시계'라는 것이 있어서, 한 시간에 15도씩 각도를 조절해 주기 때문이다.

『 』: 태양의 위치가 개미가 처음에 기억하고 있는 위치와 크게 달라졌을 때 개미의 반응을 살펴봄 / 태양의 위치가 변해도 개미는 길을 정확히 찾아감 / 시간이 많이 지나 태양의 위치 변화가 커졌을 때 개미가 길을 찾는 방법

▶ 개미의 길 찾기 방법 ③: 생물 시계를 이용하여 방향을 조정함

맞힌 개수 [ ] 개
틀린 개수 [ ] 개

글 내용 한눈에 보기

본문 77쪽

1 페로몬 2 정반대 3 태양 4 생물 시계 5 위치

글을 이해해요

자기 평가

본문 78쪽

01 (내용 이해)
1 ×　2 ○

02 (내용 이해)
⑤

03 (내용 추론)
③

04 (내용 추론)
45

05 (중심 내용 쓰기)
개미는 길을 찾기 위해 페로몬 냄새를 이용하고, 태양을 기준으로 방향을 찾으며, 뇌에 있는 생물 시계를 이용하여 시간에 따라 방향을 조정한다.

01 1 개미가 먹이를 찾기 위해 무리 지어 나갈 때는 주로 페로몬이라는 냄새를 이용하여 의사소통을 해요.
2 산치의 실험을 통해 개미가 태양을 기준으로 집의 방향을 찾는다는 것을 알 수 있어요. 그래서 태양을 가리면 개미는 길을 잃은 듯한 반응을 보여요.

02 4문단에서는 먹이를 물고 집으로 돌아가는 개미를 잡아 어두운 상자 속에 가둔 다음 오랜 시간을 두고 다시 풀어 주면, 놀랍게도 개미는 태양이 움직인 만큼 방향을 조정해서 정확히 집으로 향한다고 했어요.

03 개미는 태양을 기준으로 방향을 찾으므로, 태양을 오른쪽에 둔 채 집으로 가던 개미가 판자의 그림자 안으로 들어오게 되면 태양을 볼 수 없게 돼요. 그러나 반대편에 거울을 놓게 되면 거울 속에 보이는 태양을 오른쪽에 두고 집 방향을 잡아 이동하게 돼요. 그러다가 판자의 그림자(거울)를 벗어나 진짜 태양을 보게 되면 진짜 태양을 오른쪽에 두는 방향으로 다시 이동해요.

04 개미의 뇌에는 생물 시계가 있어서, 태양의 위치가 바뀌어도 한 시간에 15도씩 각도를 조절해 주기 때문에 길을 제대로 찾을 수 있어요. 제시된 글에서 개미가 3시간 만에 집으로 간다고 했으므로, 각도를 45도(3x15=45) 조정하여 집에 찾아갈 것임을 알 수 있어요.

05 이 글은 개미의 길 찾기 방법에 대해 설명하고 있어요. 2문단에서는 페로몬 냄새를 이용한 개미의 길 찾기 방법을, 3문단에서는 태양을 기준으로 방향을 찾는 개미의 길 찾기 방법을, 4문단에서는 뇌에 있는 생물 시계를 이용하여 방향을 조정하는 개미의 길 찾기 방법을 각각 설명하고 있어요.

어휘를 익혀요

본문 79쪽

01 1 ㄱ 2 ㄷ 3 ㄴ　**02** 1 정확 2 이동 3 차이　**03** 1 우왕좌왕 2 의사소통

올림픽은 어디에서 열릴까?

본문 80~81쪽

코칭 Tip 이 글은 올림픽 개최지를 선정하는 방법에 대해 설명하는 글입니다. 올림픽이 시작된 계기와 그 의의, 올림픽 개최지를 선정하는 절차, 올림픽 개최지 선정 방법의 변화를 파악하며 글을 읽을 수 있도록 합니다.

❶ 세계에서 가장 큰 스포츠 행사인 올림픽은(중심 소재) 4년마다 한 번씩 열리는 국제 스포츠 경기 대회이다.(올림픽의 개념) 올림픽은 고대 그리스 올림피아에서 열리던 올림피아 경기를 기원으로 한다.(올림픽의 기원) 올림픽은 프랑스의 쿠베르탱이 제안하여 1896년에 그리스의 아테네에서 처음 시작되었다.(올림픽의 시작) 스포츠를 통해 청년들의 사기를 올리고, 세계의 평화를 도모하자는 취지였다.(올림픽이 시작된 계기) 올림픽은 '보다 빨리, 보다 높이, 보다 튼튼히'라는 표어 아래 제1회 아테네 대회가 열린 이래, 지금은 200여 개의 나라가 참가하는 전 세계인의 축제가 되었다.(올림픽의 의의)

▶ 올림픽의 개념 및 올림픽이 시작된 계기와 그 의의

❷ 그러면 올림픽이 열리는 장소는 어떻게 정하는 것일까? 올림픽 개최지는 국제 올림픽 위원회(IOC)에서 정한다.(올림픽의 개최지를 정하는 주체) 국제 올림픽 위원회는 올림픽 개최 도시를 정하는 것뿐만 아니라 올림픽 대회의 경기 종목 등도 결정하는 역할을 한다.(국제 올림픽 위원회의 역할) 올림픽 개최를 희망하는 도시가 국제 올림픽 위원회에 개최 신청을 하면(올림픽 개최지를 선정하는 절차 ①) 국제 올림픽 위원회에서는 올림픽 개최를 신청한 도시에 대한 정보와 올림픽 개최에 대한 시민들의 생각을 살펴본다.(올림픽 개최지를 선정하는 절차 ②) 개최를 신청한 도시 중에 보통 4개 도시 정도를 최종 후보로 정하고(올림픽 개최지를 선정하는 절차 ③) 국제 올림픽 위원회 총회에서 투표를 통해 올림픽이 열리는 장소를 선정한다.(올림픽 개최지를 선정하는 절차 ④)

▶ 국제 올림픽 위원회가 올림픽 개최지를 선정하는 절차

❸ 이와 같은 선정 과정을 통해서 지금까지 여러 나라의 여러 도시에서 올림픽이 열렸다. 도시를 기준으로 하다 보니 한 나라에서 여러 차례 올림픽을 개최하기도 하였다. 『1896년부터 2028년까지 34번의 올림픽 중에서 미국은 다섯 번, 프랑스는 세 번, 그리스, 영국, 독일, 호주, 일본은 각각 두 번씩 올림픽 개최지로 선정되었다. 우리나라의 경우는 한 번으로, 1988년에 제24회 올림픽을 수도인 서울에서 개최하였다.』(『 』: 지금까지 올림픽이 열렸던 나라와 횟수)

▶ 지금까지 올림픽이 열렸던 나라와 횟수

❹ 그런데 2032년 올림픽부터는(올림픽 개최지 선정 방법이 바뀌는 시점) 올림픽 개최지를 선정하는 방법이 바뀔 예정이다. 기존에는 도시만 올림픽을 개최할 수 있었지만 도시는 물론 국가, 혹은 지역도 올림픽을 개최할 수 있게 하여 개최지를 다양화할 예정이다.(올림픽 개최지 선정 방법의 변화 ①) 이전에는 한 도시에서 모든 경기를 해야 했지만 이제는 한 나라 안에서 여러 도시는 물론이고, 여러 나라나 여러 도시가 힘을 합쳐 올림픽을 개최할 수도 있다.(올림픽 개최지 선정 방법의 변화 ②)

▶ 2032년부터 개최지 선정 방법이 바뀌어 다양화되는 올림픽 개최지

❺ 또한 이전에는 올림픽이 열리기 7년 전에 올림픽 개최지를 선정해야 했다. 하지만 규정이 바뀌면 이러한 제한도 없어져 상황에 맞게 선정 시기를 정하여 올림픽 개최지를 결정할 수 있게 된다.(올림픽 개최지 선정 방법의 변화 ③) 그리고 개최를 희망하는 여러 도시를 대상으로 투표를 하는 대신 '미래 유치 위원회'라는 조직이 올림픽 개최 후보지를 검토한 뒤에 하나의 후보지만을 선정하고, 이 하나의 후보지를 대상으로 투표하여 올림픽 장소를 결정하게 될 것으로 보인다.(올림픽 개최지 선정 방법의 변화 ④)

▶ 올림픽 개최 후보지를 검토하고 선정하는 조직인 미래 유치 위원회

맞힌 개수 ( ) 개
틀린 개수 ( ) 개

글 내용 한눈에 보기

본문 81쪽

1 그리스 2 국가 3 제한 4 국제 올림픽 5 미래 유치

글을 이해해요

자기 평가

본문 82쪽

01 (내용 이해)
1 ○ 2 ×

02 (내용 이해)
③

03 (내용 추론)
⑤

04 (내용 추론)
③

05 (중심 내용 쓰기)
올림픽은 2032년 이전까지는 도시를 개최 단위로 하여 올림픽이 열리기 7년 전에 4개 정도의 최종 후보 도시 중 하나를 개최지로 선정하였는데, 2032년 이후에는 도시, 국가, 혹은 지역을 개최 단위로 하여 선정 시기에 제한 없이 하나의 후보지에 대해서만 투표하여 결정한다.

01 1 우리나라는 1988년에 제24회 올림픽을 수도인 서울에서 개최했어요.
2 현재 국제 올림픽 위원회는 4개 정도의 개최지 후보 도시 중 하나를 투표로 선정하고 있어요.

02 1문단에서 올림픽이 열리는 시기, 창시한 사람, 처음 열린 곳, 의의, 기원 등을 제시하고 있어요. 올림픽이 처음 열린 곳은 그리스의 아테네예요.

03 2문단에서 국제 올림픽 위원회의 역할에 대해 설명하고 있어요. 개최지 결정은 회장이 결정하는 것이 아니라 국제 올림픽 위원회 총회에서 투표를 통해 결정된다고 했어요.

04 5문단에서 미래 유치 위원회라는 조직이 올림픽 개최 후보지를 검토한 뒤에 하나의 후보지만을 선정하고, 이 하나의 후보지를 대상으로 투표하여 올림픽 장소를 결정하게 될 것으로 보인다고 했어요.

오답 풀이

① 2032년부터는 한 나라 안에서 여러 도시는 물론이고, 여러 나라나 여러 도시가 힘을 합쳐 올림픽을 개최할 수도 있다고 했어요.
② 2032년부터는 선정 시기에 제한이 없이 상황에 맞게 선정 시기를 정하여 올림픽 개최지를 결정할 수 있다고 했어요.
④ 이 글에서 설명하고 있지 않은 내용이에요.
⑤ 기존에는 도시만 올림픽을 개최할 수 있었지만 2032년부터는 도시는 물론 국가, 혹은 지역도 올림픽을 개최할 수 있게 하여 개최지를 다양화할 예정이라고 했어요.

05 이 글은 올림픽 개최지를 선정하는 방법에 대해 설명하고 있어요. 특히 2032년 이후 개최지 선정 방법에 변화가 있음을 알리고, 기존의 선정 방법과 어떤 차이가 있는지 설명하고 있어요.

어휘를 익혀요

본문 83쪽

01 1 ㄷ 2 ㄴ 3 ㄱ **02** 1 수도 2 규정 3 검토 **03** 1 기원 2 도모

20 좋은 숫자, 나쁜 숫자

본문 84~85쪽

코칭 Tip 이 글은 숫자를 대하는 동양과 서양의 시각 차이에 대해 설명하는 글입니다. 특정한 숫자를 대하는 동서양의 시각 차이가 어디에서 비롯되는 것인지를 파악하며 글을 읽을 수 있도록 합니다.

1 당신은 어떤 숫자(중심 소재)를 좋아하는가? 각자 자기만의 기준(관점, 시각, 인식, 가치관 등)에 따라 좋아하는 숫자가 서로 다를 것이다. 하지만 동서양을 가리지 않고 누구나 좋아하는 숫자가 있다. 바로 우리가 흔히 행운의 숫자로 떠올리는 '7'이다(동서양의 누구나 좋아하는 행운의 숫자 → 7). 반대로 우리나라 사람들 대부분이 싫어하는 숫자로 꼽는 것은 '4'이다(우리나라 사람들이 싫어하는 숫자 → 4). 과연 이런 기준은 어떤 이유로 생긴 걸까?

▶ 사람마다 특정한 숫자에 대한 좋고 나쁨의 기준이 있음

2 동양에서는 숫자의 발음이나 모양과 관련하여 운의 좋고 나쁨을 따지는 경우가 많다(숫자의 좋고 나쁨을 따지는 동양의 기준: 숫자의 발음이나 모양). 우리나라에서 '4'라는 숫자를 불길하다고 여기며 싫어하는 이유가 '4'의 발음이 '죽을 사(死)'와 같기 때문이라는(우리나라 사람들이 '4'를 싫어하는 이유) 주장이 가장 유력하다. 그래서 빌딩이나 건물에 4층이 없는 경우가 많으며, 굳이 4층을 표기할 때 FOUR의 'F'만 사용하는 경우도 많다. 한편 중국에서는 '8'이라는 숫자를 운이 깃드는 좋은 숫자로 생각하는데, 이는 중국어로 '8'의 발음이 '돈을 번다'라는 뜻을 가진 한자 '발(發)'의 중국어 발음과 비슷하기 때문이다(중국 사람들이 '8'을 좋아하는 이유 ①). 또한 한자 '여덟 팔(八)' 자는 양쪽으로 쭉 뻗어 나가는 모양이어서 사업이 번창하는 것을 상징하기도 한다(중국 사람들이 '8'을 좋아하는 이유 ②).

▶ 숫자에 대한 동양의 생각은 숫자의 발음이나 모양과 관련이 있음

3 그렇다면 서양의 경우는 어떠할까? 서양에서는 숫자를 종교적 의미에서 찾는 경우가 많다(숫자의 좋고 나쁨을 따지는 서양의 기준: 종교적 의미). 『서양에서 행운의 숫자로 여기는 '7'은 성경과 관련이 있다. 조물주가 6일 만에 하늘과 땅을 만들고 7일째에 편히 쉬었는데, 여기에서 '7'이 완성과 축복의 의미를 갖게 되었다는 것이다.』(『 』: 서양 사람들이 '7'을 좋아하는 이유 ①) 다른 이유로는 『고대 이스라엘에서 '7'이 하늘의 숫자인 '3'과 땅의 숫자인 '4'를 더한 숫자로, 세계의 모든 것을 나타낸다고 보아 성스러운 숫자로 여겼다는 것이다.』(『 』: 서양 사람들이 '7'을 좋아하는 이유 ②)

한편 서양에서는 '6'을 행운의 숫자인 '7'에서 하나 모자란 숫자라는 이유로 불길하게 보기도 한다(서양 사람들이 '6'을 싫어하는 이유). 그래서 미국에서는 '6'이라는 숫자 자체를 아예 쓰지 않는 편이며, 당연히 건물에 6층이 있거나 호텔 객실 번호를 666으로 표현하는 것을 꺼린다. 또한 '13'을 불길한 숫자로 믿는데, 이는 예수를 배반한 유다가 최후의 만찬 때 13번째 자리에 앉았다는 것(서양 사람들이 '13'을 싫어하는 이유)에서 유래를 찾곤 한다.

▶ 숫자에 대한 서양의 생각은 숫자에 담긴 종교적 의미와 관련이 있음

4 그러나 동양과 서양이 숫자에 대해서 이처럼 서로 다른 시각만을 보이는 것은 아니다. 동양뿐만 아니라 서양에서도 신성하게 여기는 숫자가 바로 '12'인데, '12'에는 '완전함'과 '우주의 질서'라는 의미가 담겨 있다고 보기 때문이다(동양과 서양이 모두 좋아하는 숫자인 '12'). 그래서 실제 우리 주변에서 '12'와 관련한 것들을 발견하기 쉬운데, 그중 대표적인 것이 바로 시간의 단위이다. 우리의 시간을 측정하는 1년 단위는 12개월로 나누어져 있는데, 그 주기가 매년 딱 들어맞는다. 하루 역시 오전과 오후로 12시간씩 나누어져 있다.

▶ 숫자 '12'는 동서양이 공통적으로 신성하게 여김

5 한편 숫자에 대한 사람들의 생각은 그들이 지녔던 사고방식과도 관련이 있다. 『오래전부터 세계를 음과 양의 관계로 보아 왔던 동양에서는 홀수를 '양'의 수, 짝수를 '음'의 수라 하였다. 그래서 '양'의 수인 홀수가 겹치는 날은 생기가 넘친다고 해서 운이 좋은 날로 여겼다. 음력 5월 5일이 단오라는 명절이 된 것도 이 때문이다.』(『 』: 특정 문화의 사고방식에서 비롯된 숫자에 대한 생각 ①) 『수학의 역사에서 '0'이라는 숫자를 본격적으로 사용하게 된 것도 불교적 사고방식과 관련이 있다. 불교가 처음 나타난 인도에서는 '공(비어 있음)'이라는 사고방식이 널리 퍼져 있었기 때문에 '0'이라는 숫자를 쉽게 생각해 낼 수 있었다.』(『 』: 특정 문화의 사고방식에서 비롯된 숫자에 대한 생각 ②)

▶ 숫자에 대한 사람들의 생각은 그들이 지녔던 사고방식과도 관련이 있음

맞힌 개수 개
틀린 개수 개

글 내용 한눈에 보기

본문 85쪽

1 숫자 2 발음 3 종교 4 완전함 5 사고방식

글을 이해해요

자기 평가

본문 86쪽

01 (내용 이해)
1 × 2 ×

02 (내용 이해)
②

03 (내용 추론)
①

04 (내용 이해)
7, 4

05 (중심 내용 쓰기)
특정한 숫자에 대한 동서양의 생각이 차이를 보이는 이유는 동양은 숫자의 발음과 모양에 영향을 받고, 서양은 숫자에 담긴 종교적 의미에 영향을 받기 때문이다.

01 1 2문단을 통해 숫자 '8'은 그 모양과 발음 때문에 중국에서는 운이 깃드는 좋은 숫자로 여긴다는 것을 알 수 있어요. 2 5문단을 통해 수학에서 숫자 '0'을 본격적으로 사용하게 된 배경에는 불교가 관련되어 있음을 알 수 있어요.

02 3문단을 통해 서양에서 숫자 '6'은 완성과 축복을 의미하는 '7'에서 하나 부족한 숫자라는 이유로 불길한 숫자로 생각되고 있음을 알 수 있어요.

03 이 글을 통해 '7'은 서양과 동양에서 모두 긍정적으로 생각하는 숫자이고, '8'은 동양에서도 특히 중국인들이 좋아하는 숫자임을 알 수 있어요. 따라서 '7'과 '8' 모두 긍정적으로 여겨지는 숫자라고 할 수 있어요.

오답 풀이
② '6'은 서양에서 불길하게 여기는 숫자이고, '8'은 중국에서 운이 깃드는 좋은 숫자예요.
③, ④ '0'은 불교적 사고방식이 반영된 숫자이고, '6'과 '13'은 서양에서 불길하게 여기는 숫자예요.
⑤ '12'는 동서양에서 모두 신성하게 여기는 숫자이고, '13'은 서양에서 불길하게 여기는 숫자예요.

04 1문단을 통해 숫자 '7'은 동서양 사람들 모두가 행운의 숫자로 떠올리는 긍정적인 숫자임을 알 수 있어요. 또한 2문단을 통해 숫자 '4'는 그 발음이 '죽다'라는 의미의 한자 '사(死)'와 비슷해서 우리나라 사람들이 대부분 싫어하는 숫자임을 알 수 있어요.

05 이 글은 숫자를 대하는 동양과 서양의 시각 차이에 대해 설명하고 있어요. 이 글에 따르면 동양에서는 숫자의 발음과 모양과 관련하여 숫자의 좋고 나쁨을 판단하고, 서양에서는 숫자에 담긴 종교적 의미와 관련하여 숫자의 좋고 나쁨을 판단한다고 했어요.

어휘를 익혀요

본문 87쪽

01 1 ㄴ 2 ㄱ 3 ㄷ
02 1 유력 2 신성 3 상징
03 1 불길 2 배반

실력 확인

실력 확인 88쪽

△ 글의 문단별 내용을 정리하고 주제를 써 보아요.

01 즉석식, 어떻게 선택해야 할까?

본문 8~9쪽

1 문단 즉석식의 의미와 즉석식의 영양 정보를 잘 알고 올바르게 선택하는 것의 필요성

2 문단 즉석식을 선택하는 바람직한 방법 ①, ②: 단 품 메뉴를 주문함, 영 양 균형을 고려함

3 문단 즉석식을 선택하는 바람직한 방법 ③: 열량이 높거나 지 방이 많은 즉석식을 피함

4 문단 즉석식을 선택하는 바람직한 방법 ④: 같은 메뉴라면 크기가 작 은 것을 고름

5 문단 즉석식 선택에 대한 글쓴이의 당부

주제 즉 석 식을 선택하는 바람직한 방법

02 세계를 위해 일하는 NGO

본문 12~13쪽

1 문단 지구촌 문제를 해결하기 위해 시민들이 만든 비 정 부 기구인 NGO

2 문단 핵 실험을 반대하고 환경을 지키는 활동을 하는 그 린 피 스

3 문단 국제 인도주의 의료 구호 단체인 국 경 없 는 의 사 회

4 문단 인권 보호를 위한 활동을 하는 국제 앰 네 스 티

주제 N G O의 대표적인 세 단체에 대한 소개

03 이런 명언 들어 봤니?

본문 16~17쪽

1 문단 던질 때마다 나오는 숫자가 달라지는 주 사 위

2 문단 수많은 전쟁을 치르며 인기가 높아지자 원로원의 미움을 받게 된 카 이 사 르

3 문단 군 대를 이끌고 루비콘강을 건너며 카이사르가 한 말

4 문단 '주 사 위는 던져졌다.'라는 말의 의미

주제 '주 사 위는 던져졌다.'라는 말의 유래와 의미

실력 확인 89쪽

04 빛의 마법

본문 20~21쪽

1문단 물체를 보기 위한 세 가지 조건 및 빛의 직진
2문단 색을 구별하는 것과 관련된 빛의 반사와 흡수
3문단 물질의 경계면에서 빛이 꺾이거나 빛이 통과하는 것과 관련된 빛의 굴절과 투과
4문단 유리창 밖의 풍경, 유리컵과 유리창을 볼 수 있는 이유

주제 직진, 반사, 흡수, 굴절, 투과와 같은 빛의 다양한 성질

05 정홍순 딸의 혼례 이야기

본문 24~25쪽

1문단 딸의 혼례일이 가까워지지만, 정홍순은 아무런 관심도 없이 태평하기만 함
2문단 부인에게 혼례 비용을 물은 정홍순은 자신이 늦지 않게 준비하겠다고 말함
3문단 정홍순은 집에 있는 것들로 딸의 혼례를 치르고, 이에 실망한 사위는 처가에 발길을 끊음
4문단 정홍순이 딸과 사위를 불러 그간의 사정을 밝히자, 사위가 장인의 깊은 뜻을 깨달음

주제 정홍순의 검소한 삶의 자세

06 고인돌을 아시나요?

본문 28~29쪽

1문단 고인돌의 개념 및 이름의 유래
2문단 고인돌의 기능
3문단 고인돌의 종류와 특징
4문단 우리나라에서 고인돌이 발견된 지역
5문단 제주 지역 고인돌의 특징

주제 고인돌의 기능과 종류 및 우리나라에 분포되어 있는 고인돌의 특징

실력 확인

실력 확인 90쪽

07 진짜? 가짜?

본문 32~33쪽

1 문단 과학 기술의 발달로 접할 수 있게 된 기술인 AR와 VR
2 문단 현실 세계에 가상의 이미지를 추가하여 보여 주는 [A][R](증강 현실)
3 문단 [가][상] 세계가 360도로 펼쳐지는 VR(가상 현실)
4 문단 AR와 VR의 공통점과 차이점 및 AR와 VR의 장점을 모두 살린 기술인 [M][R]

주제 AR([증][강] 현실)와 VR(가상 현실)의 개념과 특징

08 나무의 꿈, 종이의 꿈

본문 36~37쪽

1 문단 우리가 1년 동안 사용하는 [종][이]의 양
2 문단 종이를 만드는 과정에서 파괴되는 [자][연]
3 문단 일반 종이에 비해 자원이 적게 들고 환경 오염도 적은 [재][생] 종이
4 문단 재생 종이의 우수한 품질 및 재생 종이를 사용하자는 당부

주제 [재][생] 종이 사용의 장점 및 필요성

09 뱅글뱅글, 어떤 팽이를 돌려 볼까?

본문 40~41쪽

1 문단 [팽][이][치][기]의 개념과 팽이의 여러 가지 이름
2 문단 팽이의 종류 ①: [생][김][새]에 따른 팽이
3 문단 팽이의 종류 ②: 팽이채나 [끈]을 쓰지 않는 팽이
4 문단 팽이 싸움의 방법

주제 팽이의 종류 및 [팽][이][싸][움]의 방법

실력 확인 91쪽

10 바보 의사 장기려

본문 44~45쪽

1 문단 의 사 가 되겠다는 꿈을 이룬 장기려는 가난한 환자들을 위해 평생을 바치기로 다짐함
2 문단 부산으로 피란을 온 장기려는 무료로 피란민들을 치료하며 바 보 의 사 라고 불림
3 문단 장기려는 치료비가 없는 환자를 위해 월급을 내놓기도 하고 환자를 몰래 도망가게 하기도 함
4 문단 막 사 이 사 이 사회봉사상을 받기도 한 장기려는 평생 환자만을 생각하는 삶을 살았음

주제 환자를 위해 평생을 바친 의사 장 기 려 의 삶

11 공룡을 만나요

본문 48~49쪽

1 문단 '디 노 사 우 르'라는 명칭의 유래 및 공룡을 나누는 기준과 종류
2 문단 공룡 중에서 가장 널리 알려진 수 각 류 공룡인 티라노사우루스의 특징
3 문단 용 각 류 공룡이자, 육지 동물 중 가장 큰 브라키오사우루스의 특징
4 문단 우리나라에서 발견된 부 경 고 사 우 루 스 와 공룡 발자국 흔적

주제 티 라 노 사 우 루 스, 브라키오사우루스, 부경고사우루스의 종류와 특징

12 공기의 몸속 여행

본문 52~53쪽

1 문단 사람의 호흡수와 하루 호흡량
2 문단 공기가 가장 먼저 들어가는 코 의 특징
3 문단 코와 폐를 연결하는 긴 관인 기 관 과 기관지의 특징
4 문단 폐 포 라는 공기 주머니로 이루어진 폐의 특징
5 문단 호흡의 원리와 개념

주제 호 흡 의 원리와 과정

실력 확인

실력 확인 92쪽

13 우리말, 어떻게 쓰고 있을까?

본문 56~57쪽

1문단 한국어의 인기와 대비되는 국어 사용 실태

2문단 국어 사용의 문제점 ①: 무분별한 은어, 줄임말의 사용

3문단 국어 사용의 문제점 ②: 불필요한 외국어 남용

4문단 국어 사용의 문제점 ③: 잘못된 높임 표현

5문단 올바른 국어 사용에 대한 당부

주제 우리의 언어문화를 지키고 발전시키기 위한 올바른 국어 사용 방안

14 창경궁과 만나다

본문 60~61쪽

1문단 창경궁의 역사와 창경궁 내의 중요 문화재 소개

2문단 창경궁의 정문인 홍화문에 대한 소개

3문단 홍화문과 명정전을 잇는 옥천교에 대한 소개

4문단 창경궁의 정전인 명정전에 대한 소개

5문단 왕비가 잠을 자는 건물인 통명전에 대한 소개

주제 창경궁의 역사와 창경궁 내의 중요 문화재의 특징

15 대동여지도 속 우리나라

본문 64~65쪽

1문단 사람들이 길을 잃지 않기 위해 그리기 시작한 지도

2문단 대동여지도의 형태상 특징

3문단 대동여지도의 우수성 ①, ②: 정확하고 과학적이며 상세함, 인쇄가 가능하고 휴대가 편리함

4문단 대동여지도의 우수성 ③: 사람들이 지도를 쉽게 알아볼 수 있도록 함

5문단 대동여지도의 의의

주제 대동여지도의 형태상 특징과 우수성

실력 확인 93쪽

16 다양한 대체 에너지

본문 68~69쪽

1 문단 화 석 연 료를 대체할 에너지의 필요성
2 문단 핵 분 열을 이용하여 전기를 만드는 원자력 발전의 장단점
3 문단 태 양에서 에너지를 얻어 전기를 만드는 태양광 발전의 장단점
4 문단 바 람에서 에너지를 얻어 전기를 만드는 풍력 발전의 장단점
5 문단 물에서 에너지를 얻어 전기를 만드는 수력 발전의 장단점
6 문단 밀물과 썰물 때 해수면 높이의 차이를 이용하여 전기를 만드는 조 력 발전의 장단점

주제 화석 연료의 문제점과 이를 해결하기 위한 대 체 에 너 지의 장점 및 단점

17 태양계로 떠나자

본문 72~73쪽

1 문단 태양계의 개념과 태양의 특징 및 태양 주위를 도는 8개의 행성 소개
2 문단 태양과 가장 가까이 있는 수 성의 특징
3 문단 행성으로는 가장 밝은 금 성의 특징
4 문단 생명체가 사는 지 구의 특징
5 문단 지구와 비슷하며 한때 물이 있었던 화 성의 특징
6 문단 태양계에서 가장 큰 목 성의 특징
7 문단 행성 둘레에 고리가 많은 토 성의 특징
8 문단 기체가 얼어붙어 있는 천 왕 성의 특징
9 문단 태양에서 가장 멀리 떨어져 있는 해 왕 성의 특징

주제 태 양 계를 구성하고 있는 태양과 8개 행성의 특징

실력 확인

실력 확인 94쪽

18 개미는 길을 어떻게 찾을까?

본문 76~77쪽

1 문단 길을 잃지 않고 집으로 돌아가는 길을 바로 찾아낸 일개미
2 문단 개미의 길 찾기 방법 ①: 페로몬을 이용함
3 문단 개미의 길 찾기 방법 ②: 태양을 기준으로 방향을 찾음
4 문단 개미의 길 찾기 방법 ③: 생물 시계를 이용하여 방향을 조정함

주제 개미가 길을 찾는 다양한 방법

19 올림픽은 어디에서 열릴까?

본문 80~81쪽

1 문단 올림픽의 개념 및 올림픽이 시작된 계기와 그 의의
2 문단 국제 올림픽 위원회가 올림픽 개최지를 선정하는 절차
3 문단 지금까지 올림픽이 열렸던 나라와 횟수
4 문단 2032년부터 개최지 선정 방법이 바뀌어 다양화되는 올림픽 개최지
5 문단 올림픽 개최 후보지를 검토하고 선정하는 조직인 미래 유치 위원회

주제 올림픽 개최지를 선정하는 방법

20 좋은 숫자, 나쁜 숫자

본문 84~85쪽

1 문단 사람마다 특정한 숫자에 대한 좋고 나쁨의 기준이 있음
2 문단 숫자에 대한 동양의 생각은 숫자의 발음이나 모양과 관련이 있음
3 문단 숫자에 대한 서양의 생각은 숫자에 담긴 종교적 의미와 관련이 있음
4 문단 숫자 '12'는 동서양이 공통적으로 신성하게 여김
5 문단 숫자에 대한 사람들의 생각은 그들이 지녔던 사고방식과도 관련이 있음

주제 숫자를 대하는 동양과 서양의 시각 차이

완자·공부력·시리즈 매일 4쪽으로 스스로 공부하는 힘을 기릅니다.

대표전화 1544-0554
주소 서울특별시 구로구 디지털로33길 48 대륭포스트타워 7차 20층